**里程碑
文库**

THE
LANDMARK
LIBRARY

**人类文明的高光时刻
跨越时空的探索之旅**

大英博物馆

第一座公众博物馆的诞生

THE BRITISH MUSEUM

STOREHOUSE OF CIVILIZATIONS BY JAMES HAMILTON

[英]詹姆斯·汉密尔顿 ▸ 著

王兢 ▸ 译

北京燕山出版社
BEIJING YANSHAN PRESS

大英博物馆：
第一座公众博物馆的诞生

[英] 詹姆斯·汉密尔顿 著

王兢 译

图书在版编目（CIP）数据

大英博物馆：第一座公众博物馆的诞生 / （英）詹姆斯·汉密尔顿著；王兢译. — 北京：北京燕山出版社，2020.5（2021.11重印）
（里程碑文库）
ISBN 978-7-5402-5623-4

Ⅰ.①大… Ⅱ.①詹…②王… Ⅲ.①博物馆—介绍—英国 Ⅳ.①G269.561

中国版本图书馆 CIP 数据核字 (2020) 第 006363 号

The British Museum

by James Hamilton

First published in the UK in 2018 by Head of Zeus Ltd
Copyright © James Hamilton 2018

Simplified Chinese edition © 2020 by United Sky (Beijing)
New Media Co., Ltd.

北京市版权局著作权合同登记号 图字:01-2019-7435 号

选题策划	联合天际	特约编辑	麦 娄	
版权统筹	李晓苏	版权运营	郝 佳	
编辑统筹	李鹏程 边建强	营销统筹	绳 珺 邹德怀 钟建雄	
视觉统筹	艾 藤	美术编辑	程 阁 刘彭新	

责任编辑	郭 悦 李瑞芳
出 版	北京燕山出版社有限公司
社 址	北京市丰台区东铁匠营苇子坑 138 号嘉城商务中心 C 座
邮 编	100079
电话传真	86-10-65240430（总编室）
发 行	未读（天津）文化传媒有限公司
印 刷	北京雅图新世纪印刷科技有限公司
开 本	889 毫米 ×1194 毫米 1/32
字 数	150 千字
印 张	7.25 印张
版 次	2020 年 5 月第 1 版
印 次	2021 年 11 月第 3 次印刷
I S B N	978-7-5402-5623-4
定 价	68.00 元

关注未读好书

未读 CLUB
会员服务平台

献给凯特，我在一切事务上的联合策展人。

目录

* * * * * *

开场白

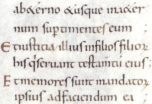

ab æterno & usque in æter
num suptimentes eum ;
E tiustitia illius in filios filioꝛ
bis qseruant testamtu eius ;
E tmemores sunt mandatoꝛ
ipsius ad faciendum ea

D ns incelo parauit sede suam;
& regnu ipsius omni dominabit;
B enedicite dno angeli eius
potentes uirtute facien
tes uerbu illius ad audien
da uoce sermonum eius ;

B enedicite dno oms uirt
eius ministri eius qui f
tis uoluntatem eius ;
B enedicite dno oma opa
monu loco dominatio
ei benedic anima mea

CIII IPSI DAUID

B ENEDIC ANIMA
mea dno; dne ds meus
magnificatus es uehementer;
C onfessionem & decorem
induisti; amictus lumine
sicut uestimento
E xtendens caelum sicut
pellem; qui tegis aquis
superiora eius
Q ui ponis nubem ascensum

tuum; qui ambulas super
pennas uentoꝛum
Q ui facis angelos tuos spc
& ministros tuos ignem
urentem
Q ui fundasti terram super
stabilitatem suam non meli
nabitur insctm saeculi
A byssus sicut uestimentu
amictus eius sup montes

stabunt aquae
A b increpatione tua fu
ent; auoce tonitrui t
formidabunt
A scendunt montes & d
scendunt campi; in loc
quem fundasti eis
erminum posuisti que
transgredientur neq c
uertentur operire terra

大英博物馆的影响是方方面面的。20世纪70年代初，当还是个年轻学生读者的我第一次走进连接博物馆入口大厅和圆顶阅览室的窄窄走廊（现已拆除）时，大英博物馆就融入了我的血脉。我已记不起自己来这里读什么东西，可那依然是一种新生。

　　那时还在入口大厅右侧的西方手稿部，给我留下了深刻的印象，我仍能清晰地回忆起那里的一间间阅览室。1970年，我正是在那里获允独自取阅中世纪泥金装饰绘本杰作《603号哈雷手稿》（*MS Harley 603*），这是9世纪《乌得勒支诗篇》（*Utrecht Psalter*）的盎格鲁—撒克逊版复本。普林斯顿大学艺术史教授罗莎莉·格林前一年时在乌得勒支发表的演讲以及和她一起现身的《乌得勒支诗篇》原件，让我兴奋不已，于是我便写信给大英博物馆，询问是否可以看看《603号哈雷手稿》。他们给了我一双白手套，将手稿安放在我面前的一方垫子上。当时一定有位管理员来来回回地监看，但我只觉得自己是在与这卷杰作单独相处。我无拘无束地翻动厚重的书页，观赏一堆堆墨绘人物，看着他们往返流连，与书法缠绕交织。手稿的彩绘极其惊艳，人物动感十足，落落大方地在字里行间翩翩起舞。他们有着惊艳绝伦，乃至做作夸张的姿态；长而纤瘦的身躯，常常连脖子也难觅踪迹。观赏、把玩和翻阅这些千年之久的书页，这种特权及其背后的信任本身就是一盏明灯，为我打开了爬梳、浸淫于幻灯片和书刊的世界之门。无

《603号哈雷手稿》（《哈雷诗篇》）的一页。

这是《乌得勒支诗篇》的11世纪盎格鲁－撒克逊抄本，

描绘了《诗篇》第103节，"上帝的创造物"。

论如何，这次经历直到今天都还在我心头萦绕，堪称是博物馆用途的一大存证。

就在同一时期，我访问了大英博物馆的版画与素描部，观赏了18世纪业余画家托马斯·桑德兰的水彩画。他们给了我一间包厢，这让我颇为开心。视线沿着书桌往后，便是版画与素描部的管理员爱德华·克罗夫特-穆雷，还有他那挺拔伟岸的身躯。穆雷快速地走过另一间包厢，翻阅着裱好的素描画，以他声若洪钟的嗓音开怀畅谈作者的生平和时代。我对此有些不适，但或许我理当更仔细地听他讲话，解答我胸中的疑惑：博物馆将如何自我呈现？

时值1972年，图坦卡蒙法老特展前大排长龙，我就是排队等待的数千人之一。为此我还特地坐上了从德比出发前往伦敦的火车。人们耐性十足地组成列列蛇形长队，在博物馆前院设置的金属栅栏间蜿蜒蠕行。我们等了一个小时（也许是两个小时），慢慢移步走上台阶。那里有一辆配备圆锥形纸袋的冰激凌贩卖车，还有一座移动咖啡馆，但给人印象最深的莫过于一起站立静候的人们：男士西装革履，头戴圆形礼帽；学生穿着牛仔裤；孩子们在栅栏之间晃荡，家人陪同在侧；还有我。

最后，我在昏暗的展览室与图坦卡蒙幼王本人四目相对。他全身闪耀着反射的光芒，置身于其间的玻璃橱柜也恰好合身：这是一座小型坟墓，也是他在沙中长墓沉睡之后的长居之所。自许多个世纪之前在帝王谷下葬以来，幼王就一刻不停地向外凝望；

三千年，在黑暗中。幼王的求恳者和仰慕者的体重，压得临时阅览室的地板咯吱作响。身为他们的一员，我也向幼王默告一番，然后起身离开。

＊ ＊ ＊

博物馆并非凭空出现，像其他所有生命形态一样，它们也会演化，哪怕是一家貌似已然完备的博物馆也是如此。比如伦敦的华莱士典藏馆，一开始是以私人收藏室之姿发展起来的，之后随着时间的变迁，遂成了国家财产。

大英博物馆就像"一块坚实的巨大土堆，遇雨苍白黯淡、光滑有致"（弗吉尼亚·伍尔夫语）[1]，曾经也是一团或多或少有些条理的杂乱物资，储藏在一座岩块剥落的伦敦别墅里那空旷阔大的潮湿密室之中，等待一货车一货车的物资添砖加瓦。建馆之初力求条理的努力很快归于失败，但显而易见的是，历任馆长从一开始就对管理各式各样的藏品有着强烈的责任心。尽管这份责任心饱受资金短缺和意志薄弱的威胁，但这正是一家博物馆的任务所在，也是历任馆长的职责所系：从杂乱无章中创造井然有序，从井然有序里诞育知识见闻，从知识见闻里获取对世界的理解，领悟人文、人性在大千世界的位置。大英博物馆正是履行上述价值理念的杰出典范。

各式各样的博物馆——包括美术馆，博物馆主要形式的一个变种——乃是高水准文明的标志，是公民良善的公开宣示。它认

正在排队等候参观1972年大英博物馆特展《图坦卡蒙宝藏特展》
的人群队列。

定，"关于过去"的知识、对人类愿景和人类成就的理解，都是良善政府的先决条件。一旦我们开始损蚀博物馆，就是在损蚀我们的文明基点。我们何以能从一片杂乱无章的混沌中，获致了映照人类愿景的"一块坚实巨大的土堆"？讲述这一过程，便是本书的重任。

* * * * * *

开端

"我去看了斯隆医生的奇珍异宝"

大英博物馆是英式创造性思维的独特产物。其他欧洲国家当然也有富丽迷人的收藏品，但它们大多是王族、公爵或教会的私产，哪怕是允许进入参观的地方，公众也要经过严苛的条件筛选。18世纪中叶，世界上还没有一座属于民众的博物馆。然而就在英法七年战争之前，在法国大革命之前，在英国"失去"北美殖民地之前，在《改革法案》通过的八年之前，尽管有点小心翼翼，但不列颠岛的博物馆最终走出了一条"非英国典型"的革命性路径。而这种变化的催化剂，便是汉斯·斯隆爵士那充满了仁慈和思虑的遗嘱，以及英国议会之后开明且务实的决策。

1660年生于爱尔兰基利莱的汉斯·斯隆爵士，凭借其医生和企业家身份积攒了一笔财富。他年轻时对植物学和自然科学的特别兴趣，促使他前往伦敦、巴黎和蒙彼利埃，攻读了医学学位。旅行和从医则将他带到了更远的牙买加，担任总督大人阿尔伯马尔公爵的医生。斯隆手头拥有的大把时间，让他得以研究牙买加的自然志，特别是当地的植物状况。斯隆的研究成果丰硕，其中包括奎宁药用价值的发现；对当地可可豆健生饮料的改进：他收集了这些饮料的配方，并以牛奶巧克力的专利持有者身份适时赚了一笔。斯隆的巨额财富不仅仅包括上述来源，还包括房地产开发和租赁，以及他妻子在西印度群岛继承的种植园，后者使他凭借奴隶劳动赚取了大把收入。

斯隆激情满怀地收集和整理了所见所得，大胆地踏上危险至

汉斯·斯隆爵士半身像，1756年，米切尔·莱斯布拉克制作。

极的旅程，而这激情的表现方式则多种多样。其中一大例证，就是他描写自己在西印度群岛及沿途见闻的两卷本著作：分别于1707年和1725年出版的《马德拉群岛、巴巴多斯、尼维斯岛、圣克里斯托弗岛和牙买加岛旅行记；及上述岛屿中最后一个岛的草木、四脚野兽、鱼、鸟、昆虫、爬行动物等等的自然志，前附一段序言，介绍当地的居民、空气、饮水、疾病、贸易等；以及与邻近大陆和美洲诸岛的关系》（*A Voyage to the Islands Madera, Barbadoes, Nieves, St Christophers, and Jamaica; with the Natural History of the Herbs and Trees, Four-Footed Beasts, Fishes, Birds, Insects, Reptiles, &c of the last of those Islands, to which is prefix'd, An Introduction, wherein is an Account of the Inhabitants, Air, Waters, Diseases, Trade &c of that place; with some Relations concerning the Neighbouring Continent, and Islands of America*）。光是从冗长烦琐的书名就可见一斑：书名已经告诉我们自然界诸多的彼此关联，清楚地阐明了斯隆医生毕生的雄心壮志、博学多闻的求知兴致，还有他对通信交流之必要的理解。正是在如此一片得天独厚而又富饶多产的沃土上，大英博物馆的种子才得以生息繁育。单单是这个书名就已经是一家伟大博物馆创始的伟大开端，其所追求的境界亦将长久不息地考验管理者和理事们。

斯隆日益丰富的藏品，吸引了最初一批的同道中人。日记作家约翰·伊夫林曾于1691年拜访斯隆，鼓励这位当时31岁的医生撰写这本"诸岛旅行记"：

我去看了斯隆医生的奇珍异宝，它们堪称牙买加天然物产的集大成：植物、水果、珊瑚、矿物、石头、泥土、贝壳、动物、昆虫等。他还以超卓的判断力收集了几对开本的干植物标本，其中一本中大约有八十种植物，包括多种蕨类植物和禾本植物；此外，还有牙买加胡椒的枝、叶、花、果等；斯隆的日记，其他哲学和自然科学论文、观察数据，也都出类拔萃、丰富多产，足以提供一份该岛的优秀志书。有鉴于此，我对他极表勉励之意，对他的勤奋不吝溢美之词。[1]

从一开始，斯隆做事就尽显"有序"和"齐全"的意识。德国学者兼旅者扎卡利亚斯·冯·乌芬巴赫曾于1710年到访，斯隆带领他参观藏品。扎卡利亚斯写道，斯隆医生的每个小时都价值一个基尼："确实，我们认为他把两点半到七点钟的时间都给了我们，让我们倍感荣幸。身为资深旅行者，他可以说是和蔼备至，尤其是对待德国人以及那些对他的珍宝有所认知的人。"[2]

这些藏品一开始放置在布鲁姆斯伯里的斯隆别墅——这里与今天不少藏品的家（大英博物馆）相去不远——后在1742年移往了切尔西庄园。斯隆的仆人埃德蒙·霍华德记述说，42000册藏书被"零散地装入运货马车，然后从车上扔给一个梯子上的人。此人再把书册从窗户扔进去，由站在楼梯顶部的人接住，就像人们

下页图
1746年的《伦敦和威斯敏斯特，都市圈规划》，约翰·罗克绘。蒙太古府位于牛津街和托特纳姆宫路交叉口的东北向，位于本图左上角。

THE RIVER THAMES

ST GEORGES FIELDS

A PLAN of
the Cities of
LONDON AND WESTMINSTER,
and Borough of
SOUTHWARK;
with the
CONTIGUOUS BUILDINGS;

递砖那样"。³这就是18世纪图书馆的搬迁法。

如此说来，在《伦敦杂志》(*London Magazine*)中读到1748年威尔士亲王弗里德里克携妻子奥古斯塔访问了切尔西庄园的消息，也就不那么让人意外了。虽然此时距斯隆去世尚有五年，但这个庞大而又凌乱、俯视着河流的建筑群，已经成为一处藏宝宫殿，收罗了世界各地的珍品：

> 在那110英尺之长的走廊里……美到极致的珊瑚、水晶和奇石；最为绚烂的蝴蝶，及其他昆虫；品类繁盛、堪比名贵石头的各种彩绘贝壳，以及可与宝石争荣的鸟类羽毛……接着是一幅宏伟的图景：一间间堆满书籍的屋子，其中有数百册干植物标本；一间屋子里尽是精心采择而又极为珍贵的手稿……而在楼下，有些屋子摆满了稀奇珍贵的古物，分别来自埃及、希腊、希特鲁里亚（原文如此）、罗马、英国，甚至美洲……好几种动物头角的装饰让门廊大厅熠熠生辉。⁴

多年以来，呼请将斯隆藏品收归国有、善加保管的呼声就一直零零散散，有时半心半意。王室的访问无疑是这股外交和政治压力的高潮之举。斯隆早在九年之前就立下了遗嘱（见附录1和附录3），希望英王以20000英镑买下他的藏品。如果英王不愿购买的话，·就卖给皇家学会，再不然就是牛津大学或爱丁堡皇家内科医学院，如果还是拒绝的话，那就再逐次降序卖给巴黎、圣彼得堡、柏林和马德里的皇家科学院。倘若还是无人购买的话，藏品就将折价出售。斯隆的这份名单没有提到英国议会。

乔治二世的长子、颇具修养而又深谋远虑的威尔士亲王（未等到登基就去世了）一语中的：

（威尔士亲王）对于自己受邀得以见到英格兰如此富丽的藏品极表欣悦之意，他将其褒美为国家的盛饰；亲王也表达了他的意见：藏品必将何等地助益于学问；若将其建作公共设施遗之子孙后世的话，那将多么有益于不列颠的荣光。[5]

亲王的意见也许触动了斯隆。当然了，与他人的交谈，他本人在自己那些蝴蝶标本、古董文物和璀璨宝石之间的深思熟虑，或许也起到了作用，促使他考量一个更有创见的方案：这便是1749年7月10日出炉的遗嘱附件。这份附件让他的藏品得以成为公共之用，就此奠立了后来成为大英博物馆的各项基础。斯隆的想法经历了演化；他听取了皇家学会和古董学会的建议，他改变了主意。

这个附件改变了一切。斯隆指定提名了48名独立理事，另外还提名了34名公职人员负责照看他的藏品，上到英王下到各级贵族，"名单内人选极其多样，难以摘出个别重点"（见附录4）。出现在斯隆名单上的任何人都非泛泛之辈，如果你是位达官显贵却落选这份名单的话，你可能会气得七窍生烟。斯隆在附件中特别指出：

《威尔士亲王弗里德里克》，雅科博·阿米戈尼绘，约1735—1736年。图中的威尔士亲王正拿着一本蒲柏译本的《荷马史诗》。

我的意思是，我名下图书馆里的全部古今藏书、绘画、手稿、版画、奖章和硬币，古董、图章（等），浮雕和凹雕（等），宝石、玛瑙和碧玉（等），嵌有玛瑙和碧玉的容器（等），水晶、数学仪器、图纸和图画，还有其他所有归入这座收藏室/博物馆的藏品。它们都有尤其详尽的记述、题跋和编号，也有短篇的小传或说明、我制作的带有相应编号的特定编目：38册对开本和8册四开本。除此之外还有一些并未加上"藏品"戳记的框饰画，理事及其继任者负责持有和保管这些藏品，直到永远。

斯隆接着拿出了他的撒手锏：

我要在这里宣布……我所说的这座博物馆或收藏室……或将不时欢迎一切具有相同参观和浏览渴望的人到访参观……这渴望可以是"尽可能有用"，或是努力满足好奇求知之欲，或是增进所有人的学识和新知。

这番文字没给那48名外加34名"人质"留下任何含糊其词或逃脱责任的空间。斯隆最后用一句话将他们全部约束了起来，要求他们必须是勤勉而活跃的藏品访客，"一视同仁地细审、监管和检核藏品并管理之，一有机会就要适时访查、纠正并改进"。斯隆还坚持要理事向英王或议会提出，支付20000英镑给他活着的子孙——他不无机智地补充说，藏品的价值至少要四倍于这个数字。理事们——斯隆允许他们将核心团队缩减到六至七人，将有职责定期开会，创设"章程、规则和条例，设立并任命官员和职员，负责出席、管理、保有和永久传承我所说的博物馆（或收藏室）及其附属建筑，分别支付给他们理当令他们满意且必要的薪金、报酬或是津贴"。斯隆相信，如此一来就将保有并传承"我所提及的收藏室或博物馆，以一种他们认为最有可能遂之意照顾公众利益的方式"。

其他利益方也开始积极参与进来。古物收藏家兼政治家罗伯特·科顿爵士（1571—1631）的后人数十年来都忧心于家族那些独特而又尤为重要的藏品的状况，这些前宗教改革时代的手稿、国家文件和古物，正堆在威斯敏斯特宫附近的科顿府里日渐朽坏。路易十四曾为这些藏品开出六万英镑的高价，并附赠科顿的孙子一个法国贵族头衔。其中的手稿包括8世纪的《贝奥武甫》（*Beowulf*）、《林迪斯法恩福音书》（*Lindisfarne Gospels*），以及《大宪章》四份抄本中的两份。曾经受命在威斯敏斯特筹设一座新图书馆的克里斯托弗·雷恩爵士，曾警告首席财政大臣格多尔芬勋爵说，科顿府内保管藏品的那间屋子"已是破烂不堪，没法再进行大修了"。[6] 而1731年的一场大火造成部分手稿受损乃至烧毁，也引起了骑兵卫队官阿瑟·爱德华兹（死于1748年）的注意。爱德华兹本人拥有一座图书馆，藏有两千种英语、法语和意大利语书籍。他将这些藏书捐给了科顿后人，出资七千英镑建了一座新图书馆，来永久保存科顿和爱德华兹两家的藏书："这么一座大房子或将尽其最大可能，最大限度地保护图书馆免于一切意外事故。"[7]斯隆非常清楚科顿手稿的毁坏情况，他不想让这一幕在自己的藏品上重演。

1748年12月，这幅精绘挂毯的第三要素出现了。波特兰公爵夫人玛格丽特·卡文迪许·本廷克（哈利小姐）得到报告，保管她祖父和父亲两代牛津伯爵（罗伯特·哈利和爱德华·哈利）八千册藏书的图书馆正饱受房间潮湿之苦。这座图书馆位处梅菲尔区的多佛尔街，在总共97个书架里，绝大多数放在较低架子上的书，都出现了"底部发霉"的状况。

到18世纪50年代初，斯隆、科顿和哈利藏品的命运已经到了临界点，英国最高决策层对此也心知肚明。常常被人忽视的爱德华兹图书馆再一次寻觅新址。对于官员的仕途而言，丢掉一处藏品也许还能应付；两处可能也是勉强能行；三处那就不可想象了；四处全失堪称匪夷所思。于是官家就将它们合为一处，以一个问题解决另一个，并迅速付诸实施。斯隆将整个英国缚手封口了。

斯隆在1753年1月11日去世后，积极活跃的理事就发表了一份面向国家的意向声明，希望能博得一份议会法案的加持。这份声明于6月7日得到了王室御准，此时距离斯隆去世仅六个月：

> 此法案允许购置汉斯·斯隆爵士博物馆或收藏室，及哈利父子手稿集收藏室，为之提供一座总储藏处，以便更好保有且更便于利用前述藏书、科顿藏书和其他。[8]

这项法案干脆利索地将斯隆、哈利、科顿和爱德华兹的藏品合为一处，而且最重要的是还给未来的扩张留出了余地——"和其他"。这个国家一下子拿到了规模庞大的一捆捆文献，类型涵盖了未曾辑录的文献、王室文件、政治文献、教会文献、文学和历史文件，它们都适时得以免于腐烂和啮齿动物的利嘴。

英国议会别无选择，只得批准这一工程的两万英镑预算，即"大不列颠的法定货币"，但这其实有一定的误导性，因为这笔钱并非政府拨款，而是发行彩票募集的资金，用作支付给斯隆家人的象征性报酬。这笔钱"补偿并全数付清"了这些藏品之价，以及借用斯隆"庄园宅邸和花园，及其附属建筑……以及水源，直至前述收藏室或博物馆找到更方便存放、更耐火、更安全、临近主要公众度假胜地的地点迁入之前"的租金。

如此一来，借由斯隆的遗愿和议会的行动，藏品的所有权就授予了信托。理事的职责乃是保有、增长、展览、研究、解读这些藏品，俾能传之子孙。实际上没有人拥有这些藏品，但所有人也都拥有它们。现在，议会已经好整以暇地接管这些藏品了。斯隆的理事们先要自我解散，使王国的三大社会阶层——教士阶层、统治阶层和平民百姓介入，其中特别排除了王室。这么一来，大英博物馆的三大领衔理事便是坎特伯雷大主教、上议院大法官和下议院议长。除此之外还有17名供职的官方理事，主要包括财政大臣、皇家首席大法官与斯隆、科顿和哈利三家的代表理事，每个家族两人。自此，这种"家族理事"也在后来大宗私人藏品进驻的时候，成为大英博物馆的一项理事门类。公允地说，大英博

罗伯特·布鲁斯·科顿爵士，1629年。科内利乌斯·约翰逊绘。

物馆从一开始就积累了浓厚的官僚作风。

管理藏品的诸"基本原则"指引着斯隆起初的理事，也导引着作为一个整体的大英博物馆：

1. 藏品必须通盘保留，不做一分一毫之缩减或分割。

2. 藏品之一体保存，以为公共用途和公共利益之用。本于立遗嘱人之意愿和目的，公众应被一视同仁，当在规定及方便之时，依照议会认定之合理约束，自由浏览并详察藏品。

上述两条乃是通用原则。第三条也很快出炉了：

3. 情势若有需要，理当做出最为裨益和最有利于公共需要之决定：将藏品从当前暂厝之切尔西庄园宅邸一体迁出，妥置于伦敦城或威斯敏斯特或市郊之新觅基址。[9]

议会展现的雄心和行政能量，让波特兰公爵夫人格外愉悦，因为她十分关心哈利藏品的未来。公爵夫人告诉下议院议长："您的主意真是又恰当又喜人，据我所知，正符合我父亲的意愿。我对此格外满意，愿意尽我所能地做出贡献，俾能便于博物馆的成功。"[10]波特兰夫人堪称大英博物馆的助产婆，她的价值极大。而且她也是同时代的女中翘楚，行事利落、聪慧无比、交游广阔，不但控制着多笔地产和财富，也是博物学珍品的重要收藏者，更是在全世界范围内都具有影响力。从孩提时代开始，波特兰夫人的成长就服膺约翰·洛克的诸原则。[11]有这么一位仙材卓荦的公爵夫人在座，其他理事几乎都可以坐享其成了。

　　至此，大英博物馆的组织架构和法律基础皆已完备，且完全遵从斯隆医生的遗嘱。后者曾经强调，他的藏品或需"有益于人类，一体保管，不被分割……它们或可服务最大规模的人群，物尽其用……努力满足好奇求知之欲，或是增进所有人的学识和新知"。正如斯隆医生在别处写的那样，"人越探索便越懂得欣赏"。

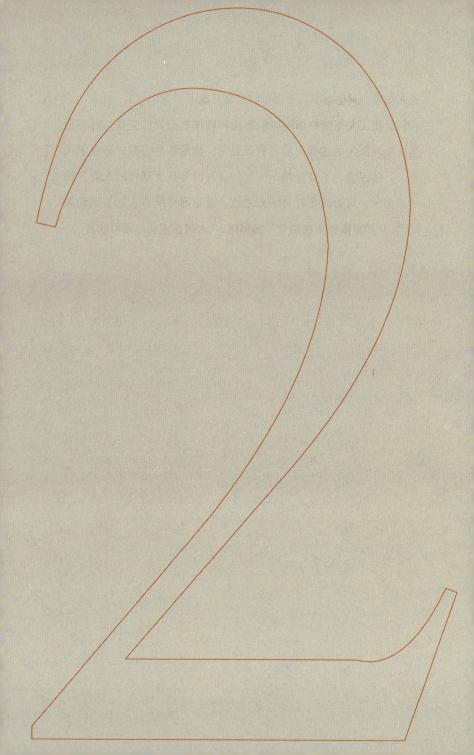

* * * * * *

18 世纪的大英博物馆

"展室繁如星汉"

理事拿到了斯隆、哈利、科顿和爱德华兹的藏品后，下一个任务就是为所有藏品寻觅一个"总储藏处"。他们考虑过白金汉府，但否决掉了，原因是不菲的花费与"房屋状况和周边环境的不便"。白金汉府后来成了白金汉宫。最后，博物馆的落脚点选在了布鲁姆斯伯里空空荡荡而又四壁倾圮的蒙太古府。这座17世纪的法式庄园位处伦敦城和威斯敏斯特之间，位置便利，但已经被蒙太古公爵弃之多时，状况堪忧。伦敦育婴院*也拒绝了在该处选址，理由是排水不良。但这对一家博物馆而言没什么——这是一种新型机构，之前很少有建筑物用作此途——在1753年，它似乎挺合适。

蒙太古府亟待维修，"屋顶下沿的水槽和檐口情况糟糕，加上原本修建得也不是很好，所以要是恢复此前建筑样式的话，房屋还是容易朽坏"。[1]因此，更为昂贵的建筑方案立即得到通过：使用石料，而非原来的木料。这座建筑物也需要大量新式书架，存放卷帙浩繁的书籍：1755年7月，一位测量员的报告提议，立即安装8160英尺之长（约2490米）的书架。他们选用了绿棉墙纸，并在"所有展室都推而广之"。[2]凭着一份遗嘱和一笔预算，建馆工作逐步推进。1754到1758年间，蒙太古府渐渐达到了今天的标准，从切尔西庄园、多佛尔街、科顿府和威斯敏斯特运来的一车车文物抵达了大罗素街。1757年，英王乔治二世从英格兰历代君

---

* 1739年由托马斯·克兰上尉创立的这座孤儿院起初位于哈顿公园，后来迁到布鲁姆斯伯里，旨在为伦敦"曝于街头的遗弃幼儿提供教育和抚养"。

主的旧皇室图书馆中抽出一份礼物赠予博物馆，其中就有《亚历山大古抄本》（*Codex Alexandrinus*），马修·帕里斯的《英国史》（*Historia Anglorum*），还有英王授予的特权：不列颠境内出版的每本书的缴交本。

蒙太古府里的花园立即清扫干净了。布鲁姆斯伯里是个颇具盛名的去处，从1757年起人们就获允在花园里自由地散步。正如本书第14~15页的地图显示，花园背靠一片开阔宽敞的空地，一直延伸到汉普斯特德和伊斯灵顿区。如果你知道该向谁打听的话，便有可能快速预览花园里都有什么。诗人凯瑟琳·塔尔伯特（1721—1770）曾经描写了她于1756年在蒙太古府的一晚：

> 从今以后这里得名"大英博物馆"。我高兴地看到，科学在这片街区里如此壮丽而又如此优雅地扎下了根……（我）觉得我现在比之前要更加热爱（蒙太古府）了，这里藏有极具价值的手稿、寂静无声的图片和远古久远的木乃伊。之前我来的时候，这里挤满了悲惨兮兮的人们，里面则是一处休闲取乐之所，也是一处决斗仇杀之地，没什么文物……除了三间手稿室之中的两间之外，一切都还没什么条理。它们和三十间展览室都亟待一切类型的珍奇之物入藏。[3]

1759年1月15日，大英博物馆（British Museum）面向公众

下页图
一幅蒙太古府南面及其门前庭院、大罗素街的版画。
萨顿·尼科尔斯绘，选自《斯托伦敦纵览》，1728年。

MOUN
In G

OUSE
treet.

开放。人们容易忽视这个名字背后的革命性含义，以及为什么该博物馆以"不列颠"（大英）之名在英国高层赢得了不可磨灭的名声。将英格兰和苏格兰两国合二为一的《联合法案》（*Act of Union*）52年前才得到批准，作为单一实体的不列颠岛尚处在幼年期。因此，"大英"博物馆的概念就借由议会，认可了一个"不列颠国家"的承诺，以一家机构的命名从实际上接纳了英格兰和苏格兰未来合并的前景，这家机构旨在保管、呈现并研究那些培育并支撑这幅前景的文化根源和智力产品。诚然，这座博物馆本可以其最初大捐助人汉斯·斯隆爵士之名命名为"斯隆博物馆"，就像牛津阿什莫林博物馆那样。但问题是，斯隆只是"同僚中的首席"（primus inter pares）而已：哈利、科顿、爱德华兹和皇家图书馆的藏品，都在大英博物馆的奠基中扮演了重要角色。因此，如果用"斯隆博物馆"这个名字的话，藏品就将立即变得排他，也不甚充足。另外，讨好王室的人可能也提出过将其命名为"皇家博物馆"，但鉴于提出建馆建议的是议会，因此这个名字可以说是胎死腹中了。而"自然历史博物馆"和"古文物博物馆"的名号都只能涵盖置换藏品的其中一部分。斯隆的遗嘱要求，他留在伦敦的藏品"通盘保留，不做一分一毫之缩减或分割……以为公共用途和公共利益之用……理事及其继任者负责持有和保管这些藏品，直到永远"。这段话与英国国教的婚礼仪式遥相呼应，呼唤的是政府与公众之间的相互责任，以及一条普救主义的路径。因此，理事们还是选择了"大英博物馆"，而且这个名字也从《大英博物馆法案》（*British Museum Act*，1753，乔治二世第26年，第22项法案）颁布的第一天起就载入了史册。它在英国官僚主义命名术的演进中几乎是独一无二的现象，未经挑战且一成不变地留存了下来，与博物馆的圆柱柱廊一样傲立于世，屹立不摇，并像柱廊一样得到全世界的认可和尊重。大英博物馆并没有追逐一时流行的简化风潮（比如泰特美术馆于2000年将名字简化为了"泰特"，而英国各地的诸多大型城市艺术馆和博物馆则把馆名中的"城市"二字去掉了）。

公众要想进入大英博物馆看展览的话，需要提前提出书面申请，才能获取每天发放的诸多门票之一：一开始每天是十张票，后来增加到二十五张。因此，尽管理事们坚称博物馆是"以为公共用途和公共利益之用"，但在一开始确实只有非常少的民众能前来参观。事实上，只有那些"热心用功而又满腹好奇的人"，才有足够的学识和动力申请入馆，而且还需要是（之后的一项条款所说）那些拥有"体面外表"的人。大英博物馆由"首席图书馆员"戈文·奈特（1713—1772）执掌。考虑到早期藏品中书籍的绝对占比，这一情况不可避免；18世纪50年代之时，"馆长"这个职业尚不存在。独一无二的是，大英博物馆的"首席图书馆员"之职乃是由王室任命。那里没有喧闹的开场仪式，没有媒体版面的广为报道，也没有聚会派对或珠光宝气的私人预展，这些都是当今新博物馆开张时候的惯常情形。大英博物馆宣称是"每天"开业，冬天从上午9点到下午3点，夏天则延迟到下午4点。"每天"当然是排除了周六、周日、圣诞假期、耶稣受难节和复活节假期、圣灵降临节及之后一周，以及所有官方和教会的感恩节和禁食节之后的结果。同样，整个8月和9月也都闭馆。不过，"为了抽出几个月照顾中低阶层的人"，博物馆也会适时于周一和周五的下午4点到晚上8点延迟开放。这些延长时间只能是在夏天白昼较长的时候，尽管必然不是放在8月或9月。总计而言，大英博物馆的开放日只有不到一半——全年365天约有170天开放——不过，至少这已经是个开始。

预约参观者在申请信里必须写清姓名、住址、"健康状况"及希望进馆的日期和时间，并于头一天的上午9点之前或下午4点到8点之间，交给大罗素街沿街那堵令人生畏的墙内的守门人。戈文·奈特将一一检查登记的姓名，如果他说"好"的话，你（或是你的仆人）就可以回到大罗素街，领取门票，准备在预定时间现身参观。你将与其他人组成4到10人的小队，在导览员的指引之下迅速走过一间间展室。每天有五组访客前来参观——儿童不允许进入——也没有可以停留凝望的时间：门票只是给了你"一瞥大英博物馆"的资格。参观完全免费，收受小费的导览员会被开除。

这些束手束脚的参观时间和参观规程，也许在今天看来荒唐可笑，但我们别忘了，那会儿是1759年，社会上才刚刚开始探索"公共博物馆"这个新奇观念。这是一项颇为大胆的社会实验和教

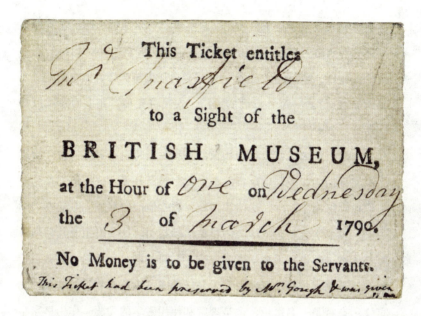

一位访客的大英博物馆入场门票，1790年。

育实验，其引领者是牛津城的阿什莫林博物馆*。该馆也是当时唯一被视为大英博物馆竞争对手的机构。在伦敦市内，大英博物馆的开馆也仅仅略微早于伦敦育婴院的改革之前——后者举行了艺术作品的公开展览，不过相较而言，那里的藏品少之又少。后来英国逐次出现了一些同态博物馆，它们都是一些所有者允许访客参观的大型别墅或教堂：自一百年前英国内战造成大破坏以来，艺术品、祭品、文书、符记和饰品慢慢地物归原主。在伦敦就偶尔

---

* 阿什莫林博物馆于1683年在牛津城的宽街开放，它位于一座旨在保有、展示和研究藏品而建成的建筑物，地下室里有一个化学实验室。今天，这座建筑物里还有牛津大学的科学史博物馆。

会有私人收藏展露于世，比如自然学家吉尔伯特·怀特就曾提到过"春园街上举办了一场鸟类标本的新奇展览"。[4]对18世纪的不少人而言，"博物馆"这个词也许只会让人想起怀特口中的"乡下人储藏屋"：一扇牲口棚的大门，农民将死鸟钉在上面吓唬掠食动物。

18世纪末运营大英博物馆的人——当时只有男人——开始逐渐使他们的职业与"玩票绅士世代"脱离开来，这批绅士接受的职业训练属于医学、法律和宗教一类，他们的兴趣也颇受皇家学会、古董学会和艺术学会的相关活动指引。这些组织及其勃勃野心（增进学识和促成学者间交流）与最初藏品（斯隆、科顿、哈利、爱德华兹和皇家图书馆）一样构成了大英博物馆的基础。戈文·奈特是一名医生，也是理解和使用磁学的先驱。作为皇家学会的一员，他不但通过发表多篇论文，对他自己分支领域的自然哲学之进展有所贡献，而且因为改进了商船罗盘上的磁铁而对商业安全裨益良多。1756年获任时，奈特并无担任图书馆员的显著经历，也没有今天所谓"馆长"的经验。他像一位藏品看门人一样住在馆内，一直任职到去世。奈特也是理事会的首席雇员。正是在奈特的管理和权威之下，早期的藏品才有了后来的展出形式。奈特的早期同人包括：古币收藏家兼浸礼会在任牧师安德鲁·吉福尔德（1700—1784），此君也是古董学会会员；马修·马蒂（1718—1776），一名最终在博物馆内死于贫穷困苦的医生；数学家兼德国新教牧师安德鲁·普兰塔（1717—1773），他的儿子约瑟夫也将子承父业进入博物馆工作；查尔斯·默顿（1716—1799），另一位医生；还有詹姆斯·爱普森（死于1765年），此人曾在斯隆医生在世期间照看他的藏品。还有其他一些馆员，他们轮流陪同访客走进博物馆各展室。无疑，每名馆员都各有其参观节奏，也有各自偏爱的速度。

大英博物馆的成立，适逢启蒙运动时期，博物馆也在外观、社交和行政管理上，多方贴近启蒙运动的理念，对从英王到平民的整个国家敞开了大门。启蒙运动高擎"理性"的大旗，认定理性乃是知识权威的主要来源。这场运动在18世纪传播到了整个欧洲：在法国，启蒙借由卢梭和孟德斯鸠的哲学著作自我弘扬，此外，狄德罗和达朗贝尔还编纂了一部有28卷之多的大型书籍——插图版《百科全书》，旨在收纳一切人类知识，俾便检核；在苏格兰，启蒙运动则促成了爱丁堡新城的修建、经济学家亚当·斯密和哲学家大卫·休谟的著作；在瑞典，卡尔·林奈的生物分类学堪称启蒙运动之果；在英格兰，启蒙运动的典型象征便是约翰·洛克的人性哲学、塞缪尔·约翰逊的《英语词典》——还有大英博物馆。在这里，富家子弟在"环欧旅行"（Grand Tour）中能获得的见闻与学识，被提炼出来，供所有人了解。启蒙运动服膺"秩序"和"组织"的观念，还有对"理智"的追求。这些旨趣和原则从一开始就嵌入了大英博物馆的立馆之基。

不过，启蒙运动（及其穿透圆柱柱廊的理性之光）并不能被视为大英博物馆的唯一源泉，其他思想根源也混杂其间。博物馆的建立者承接了更早的英伦世代，弗兰西斯·培根（1561—1626）的经验哲学是指引他们的知性之光。培根力倡通过科学实验来增进人类理解，皇家学会的会员们也是如此。正是对培根式求知精神的追求让阿什莫林博物馆得以在其地下室建立了一间化学实验室。蒙太古府并没有设立这样的设施。从这一点我们或可得出结论：大英博物馆和阿什莫林博物馆尽管有着共同的起源，却选择了不同的前进方向。一家博物馆成为百科全书，另一家却成了实验室。

五人或更多人一队的访客快步行经1759年的蒙太古府诸展室时，可以匆匆浏览一排排架子上的书籍和手稿、一枚枚金币和奖章，以及一盘盘闪闪发光的矿物、另一边的鱼类标本和麋鹿角。这些走马观花式的观览，或许不足以构成对那场横扫欧洲的思想运动的重大贡献，但也在潜移默化之间产生了累积效应。比如说阅览室的开放，就是更为直接明确的效应。阅览室一开始位于博物馆第一层的西北角，后来适时扩展到了上面的楼层。得到阅读许可要比获允进入博物馆参观难多了：读者需要凭借私人推荐才可进入，"来自颇具名望、品格正直者的推荐。因为在伦敦这样人口众多的大都会，允许所有陌生人进来读书可是件危险的事"。诗人托马斯·格雷（1716—1771）是早期到访阅览室的一名读者，他曾写道：

　　大英博物馆是我最爱的领地。我常常在白天时分花四个小时待在这里，享受阅览室的静谧和独处。这里几乎没人打扰，除了来这里清谈一番的古物学家斯图科里医生，他有时也会谈论一些咖啡馆新闻；（我预计）至少除了两个普鲁士人，还有一个负责为罗伊斯顿勋爵执笔的人之外，这个国家的其他饱学之士还没有来过这里。

格雷还补写了一段评论，暗示了阅览室的平静表面之下，也潜藏着汹涌情绪之源。大英博物馆并非航行在一片平静海面之上：

我说"平静"的时候你要懂得，这种"平静"只是对我们访客而言的"平静"。对博物馆社群自身和全体理事而言，他们就像一家学院里的研究员一样彼此剑拔弩张。博物馆保管人之间已经绝交，他们打照面的时候只会有一番更加潜隐的无声对抗。奈特医生已经堵住了通往那间小屋子的通道，因为有些同事去那儿时会经过他的某扇窗户。更有甚者，理事们每年投入的费用要比收入多500镑，因此你不由得担心，所有书籍和鳄鱼皮都将很快挂牌拍卖，（我们希望）大学买下它们。[5]

大英博物馆的早期馆员都认为阅览室乃是博物馆的心脏，甚至就是其存在的理由（raison d'être）。《博物馆的主要用途》这本1808年出版的官方初版博物馆导览"概要"如是说：

毫无疑问，（博物馆）存于它给予文人学士和艺术家的精神财富之中。他们可在其中采集那些或可用于研究劳作的材料。（阅览

Vterpendragon

Æthelbertus

Arthurus

Scs Oswaldus

室是腾出来）……用于详加检视的，比那些普通访客获允得行的粗率观览要详密得多。

其他任何人都只能忍受观展的次等体验，用"概要"的话说就是"颇为流行的博物馆用途，尽管用处要逊色得多"。

* * *

大英博物馆要在院墙之内建立必不可少的次序，初步工作就是将其本身分门别类。1756年，博物馆开始任命一批馆员，他们是"一群事理通达而又学识渊博的人，彼此之间的雇佣关系平等"，有三年的时间适应环境并整理展品。他们最紧迫的任务除了修整蒙太古府，还有建立一列列长书架和展示柜，这些天可谓木匠们的大日子。整个第一层有12间彼此相连的展室，它们留作了印刷书籍之用。结果，这层的布局就不再是博物馆，而是成了一座图书馆：几万册书一排连着一排。"陌生人（换言之，访客）在这些展室之间有些无所适从，那里单调一致的曝书之景没法给他们任何教益或愉悦"——这也是博物馆"概要"表达的内容。

不过，"概要"并非第一份面世的博物馆导览。第一份导览是个匿名的口袋本（1760）。一年之后，埃德蒙·鲍勒特出版了一份独立、独创的详尽概述，介绍了蒙太古府的藏品，这就是《大英博物馆概览及评论，以为观览该华贵阁间的目录》（*The General Contents of the British Museum: with Remarks Serving as a Directory*

亚瑟王及其他早期英格兰王，1255年，出自马修·帕里斯的"编年史缩影"。

in Viewing that Noble Cabinet)。"这本小书的买家一定不能期待过高，"鲍勒特在其中谦逊地写道，"本书并不打算对这一华贵陈列室的所有藏品来一番特别评述。正如我被告知的那样，这项工作要留给其他如椽巨笔完成，并由博物馆的馆员们于适当时间出版发行之。"

鲍勒特有些乐观了。即便是"概要"的出版也得到多年之后，更不必说他心心念念的百科全书式著作了。鲍勒特本人做了一把博物馆访客，他在撰写这本"方便口袋携带"的小书时也回应了访客的需求：

> 可以参观的时间实在太短，展室又太多。如果没有某种目录辅助的话，是不可能对这些奇珍异品建立相应观念的：尽管在这些藏品成为公共财产之前，我还远远称不上对它们一无所知，但我本人必须承认的是，我在这方面经受了一些损失。

值得注意的是，鲍勒特依旧称呼大英博物馆为"华贵阁间"，并且指出了一个新颖想法：将博物馆藏品称为"公共财产"，而非某个富人或带头衔人物名下紧握在手或严密看护的财产。

博物馆藏品一开始分为三部。鲍勒特分别称之为手稿、硬币奖章部，自然和人造艺术品部，出版书籍部。这是一种极为粗暴和现成的分类法。很明显，考虑到它们的绝对大小，硬币、奖章便和手稿归到了一个部门，而非与艺术品放在一起。除此之外，尚有"许多门类的藏品堆在大厅和楼上的第一间展室，但没有被归入任何一种门类"。其中包括笨重的石头制品，比如从爱尔兰巨人堤道搬来的玄武岩柱，从维苏威火山运来的大块熔岩，以及"一只短吻鼻鱼的细长骨架"，一头独角鲸，还有一只水牛的头。每个分部都有"下级馆员"向戈文·奈特供职。1761年还出现了我们今天称之为"新藏品展室"的展览室，鲍勒特称之为"一间屋子……单独留给新获的赠品"：一尊埃及木乃伊、"几块大珊瑚礁"，还有一座"精细的黄蜂巢"。鲍勒特笔下的博物馆之游是，每一队幸运的访客都被驱赶着从玄武岩跑到木乃伊，又从木乃伊跑到手稿和黄蜂巢，再匆匆赶场去看海胆和帽贝壳，他们自己好像是华贵阁间里的蚂蚁。大英博物馆的第一份插图手册是1778年付梓的对开本《不列颠尼亚博物馆》，饰有约翰·范·里姆斯戴克和安德鲁·范·里姆斯戴克兄弟俩所作的版画。这份手册的前言还用了"遵从自然！"的名言，这是西塞罗在阿波罗神庙求问"如何度过一生"时得到的神谕。

访客参观大英博物馆的体验各有不同。托马斯·格雷喜爱阅览室的阒静。1765年到访的法国人P. J. 格罗斯利则写道：这里在同类建筑物里"最为高大雄伟，分类最佳，装饰最为富丽"，有着彬彬有礼而又敬业投入的职员。然而，1784年到访的古物学家、伯明翰人威廉·赫顿却不以为然。他在一名"身材高大的上流社会少年"的带领之下，几人一队迅速完成了参观，似乎这个场景

下页图

蒙太古府的钢笔画插图，右侧有一堵高墙，前面街道上有一辆双马大车。
1800—1826年绘，出自大英博物馆的古物部馆员泰勒·库姆之手。

The Britis

eum.

Comle del

逼得大家不敢出声：

除了窃窃私语以外你听不到任何声音。如果某人花两分钟待在一间展览室里，却有上千件东西吸引他注意力的话，他根本就找不到时间抽出一丁点注意力对它们匆匆一瞥……我不禁悲从中来，思忖我究竟错过了多少哪怕是一丁点信息也不可得的东西。大概只用了30分钟，我们就匆匆结束了这座华贵宅邸的静默之旅，要想好好观赏一遍恐怕要花30天。我走出博物馆的时候，智慧和我进去的时候没差多少。[6]

托比亚斯·斯莫莱特（1721—1771）似乎写下了最早与大英博物馆有关的虚构作品，他笔下的主人公汉弗莱·科林克在1771年的同名小说中详述了蒙太古府最初的展览方式。以下文字大可被视为斯莫莱特本人深思熟虑之后的观点：

是的，博士，我已看到了大英博物馆；这是一批豪华尊贵乃至气势磅礴的藏品，如果我们考虑到这些藏品乃是出自一名医生的私人之手的话。这名医生还在同一时间尽职尽责地赚到了他本人的财富；但即便伟大如这批藏品，它也可以做到更加震撼，如果它们可以逐次布列于一间宽敞无边的庭院，而不是像现在这样支离破碎地分别放在不同厅堂的话。实际上，这些厅堂根本没有装满。[7]

斯莫莱特的评述相当真实，不过也有人意识到这里的矛盾之处：照他的说法，展览室并没有完全装满，但其他人的报告则显示，蒙太古府在一开始就已塞得满满当当。真相大概是，两种说法都只是第一感觉，所以他们的说法都有其真实性：周期性的藏品流动让有些展室相较之下更满一些。生于大英博物馆开馆十六年后的简·奥斯汀，本可能诱使笔下的一两名角色进入蒙太古府，但她似乎没有这么做。

从建成的第一天起，大英博物馆就没打算成为一部什么样的史志，而是要做成一部大百科全书，让事关人类利益的各门类知识都得以增长。分成各部的博物馆架构映照着这一雄心壮志。因此，大英博物馆并不像是一座铺陈艺术史的美术馆，也不是一次社会史的操演，让芸芸众生的线头编织成一幅挂毯。大英博物馆是一部卷帙浩繁的巨著，一张张书页都可分割开来、各自辨识、彼此勾连而又错落有序。尽管如此，只要访客还是飞奔疾行而过——除非他们获允驻足观看思索——大英博物馆就仍是它本来希冀避免的那种事物：一团乱麻似的珍品稀物阁间。

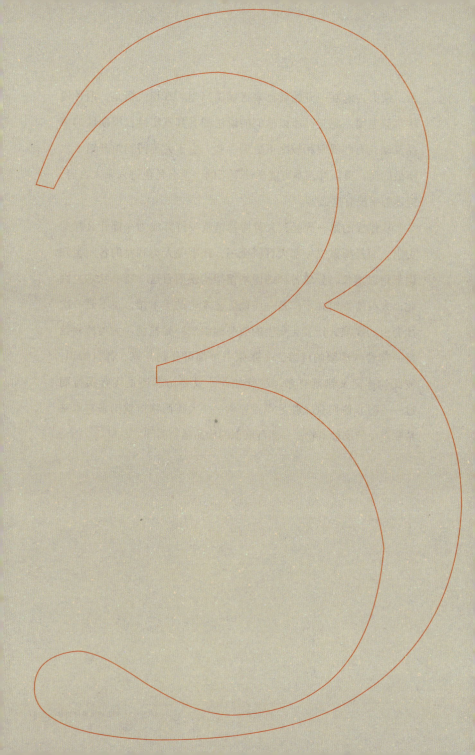

* * * * * *

19 世纪初博物馆的运营

"理事在任何时候都当享有全权"

博物馆就像是一台台吸力机，从生活的方方面面抓取原料填入其中：从帕特农石雕，到某间阁楼里现身的花瓶，不一而足。一俟开业运营，大英博物馆就在最初数十年里目睹了自身的吸力效应是如何马力全开的。

尽管如此，大英博物馆为迎纳新世界所做的改变还是着实太慢了。库克船长的船队于1771年从南太平洋航行归来，随行自然学家带来的珍品稀物无不昭示着一个个纷至沓来的新世界：约瑟夫·班克斯（1743—1820）出航之前，就已是大英博物馆阅览室里年轻勤奋的常客；瑞典人丹尼尔·索兰德（1733—1782）是大英博物馆天然和人工制品部的助手。他们给大英博物馆带来的是新颖怪奇的珍品，一个远比斯隆的蝴蝶标本或科顿的《林迪斯法恩福音书》更远的世界。"奋进"号三桅帆船甲板之下舶来的可是塔希提的玛瑙珠、新西兰的武器、澳大利亚的服装。探险家乔治·温哥华上校在北太平洋的各项发现，也为博物馆捐出了一些藏品。虽然斯隆藏品包括了一尊产自西非的阿坎鼓（是他在弗吉尼亚时从一艘奴隶船上得到的），但库克和温哥华两位船长在远航途中收集的珍品无疑将来自各民族的藏品送上了一段新的旅程——虽然这严重挑战了大英博物馆自斯隆医生以来的"保有"原则，因为博物馆里要处理的东西实在太多了。

而在大英博物馆纳入库克船长舶来的大批原料之时，同样有大批量未予注册的被排除、迁出、交易、以其他方式捐出，或是因为缺少馆员的关注和兴趣而消失无存。库克船长口中的"南太平洋群岛人造珍品收藏"[1]也是得到温哥华上校增补的收藏，到了1816年已经整理成了第一层某间展览室里的15座展柜，并在同年出版的"概要"里得到了如此贬词："并非绝对具备科学性，这里对其内容细节不予详述。"[2]不过，1808年版的"概要"又把这些藏品描述为了"博物馆里光耀夺目的藏品"。"概要"版本的前后差异堪称一个标志信号：在大英博物馆发展初期，访客心驰神往的兴趣与馆员的研究癖好之间已经产生了"矛盾"。

理事会议的备忘录清楚地展现了大英博物馆成立之后日渐增长的痛苦。一开始困扰博物馆的是文物放置问题。奈特之后继任的首席馆员查尔斯·默顿应人们之请，将他的轿子从石柱廊下取走：毫无疑问，轿子放在那里有碍访客走动（1779年8月13日）。读者的破坏也时有发生：手稿部馆员约瑟夫·普兰塔（1744—1827）报告说，哈利父子手稿的几张书页惨遭割取。馆方追回了这几页纸并粘了上去（1779年8月27日）。健康和安全问题也很早浮现：有名访客的四轮马车被石柱廊掉下的石头花瓶砸毁。这次事件估计造成了死亡，因此勘察员"建议将（花瓶）彻底移除"（1780年1月7日）。普兰塔比同事们更早照顾这些藏品，他和手下的职员已经出版了一本哈利手稿目录。到1780年2月25日时，这份目录已经卖出了124本。从中我们可以看到不少自此传扬几个世纪的博物馆管理议题，这些议题在今天遍布全球的市镇博物馆那

下页图
蒙太古府之外扎营的约克郡军团，1780年，塞缪尔·希罗尼穆斯·格里姆绘。

里都一再浮现。

　　一次意外事件严重损毁了博物馆。1780年6月爆发的反天主教戈登骚乱（Gordon Riots）期间，大英博物馆的花园和一些展室都被征作军营之用，600名从约克郡来的官兵驻扎在这里保护伦敦。正如塞缪尔·希罗尼穆斯·格里姆描绘这一场景的水彩画显示，他们的露天扎营整洁干净。但被刺痛的是理事而非政府，他们得支付军队短期驻扎所需的住宿和供应之费。就在斯坦霍普·哈维上校统率的约克军团在两个月后离开并"以反复欢呼表达他们的谢意"（1780年8月18日）时，大英博物馆只得收拾残局、清点损失。

　　现在新的藏品犹如一股春潮一样涌入，它们的压力和广度都反映了博物馆体系和物质结构的脆弱。三间展室必须清空藏书、重新整理，以便在皇家学会从舰队街的鹤苑（Crane Court）迁往萨姆塞特府（1781年5月18日）之前，先容纳皇家学会博物馆的藏品。克雷顿·莫当特·克拉切罗德牧师向大英博物馆捐出了奢丽而迷人的遗赠，理事在1799年的欢迎词中评价它们是"最具价值的遗产……书籍、绘画、版画、金币、奖章、宝石、矿物和贝壳，它们以最大的细致和技巧被收集到了一起"。人们发现这些藏品有纳税义务，于是理事必须设法解决这个问题（1799年5月21日）。就好像麻烦还不够多一样，就在蒙太古府开放四十年后，这座以娱乐消遣、引发反思、激发兴趣和提供愉悦之姿吸引数千名访客的去处开始倾圮剥落，报道再度指出，"亟待全面翻修"

（1799年5月11日）。

在降临世间的半个世纪里，大英博物馆一直持续着吸引藏品和淘汰藏品的过程。出售和交换藏品可能会残酷非凡。斯隆医生要求其藏品"一体保管，不被分割"的严苛准则也要在艰苦的现实面前有所低头。班克斯监理了一些动物废品的焚烧和填埋，但当地人对此叫苦不迭，抱怨气味太难闻。19世纪30年代，画家理查德·雷纳格尔在细审一堆动物毛皮的时候发现了一只渡渡鸟的头、嘴和脚。当时的一本杂志评论说："雷纳格尔从来都未能知晓这些碎片后来去哪儿了，但是它们理当继续待在大英博物馆的某个地方。"[3]

就在克拉切罗德藏品抵达前后，大英博物馆还接收了威廉·汉密尔顿爵士的希腊、罗马和那不勒斯藏品（1772），大卫·加立克的戏剧、书籍和小册子藏书（1779），以及查尔斯·哈切特的矿物集萃（1799）。罗塞塔石碑于1802年运抵博物馆，之后英国又从亚历山大里亚的法国人那里取得了一大批埃及文物，其中就有查尔斯·汤利的古典雕塑收藏（1805）、格伦维尔的20000件矿物标本收藏（1810），还有今天博物馆称之为"帕特农石雕"的"埃尔金石雕"（1816）、伯蒂奇的非洲收藏品（1818）、约瑟夫·班克斯爵士的民族志和自然志藏品（直至班克斯1820年去世为止都在添加）、英王乔治三世藏书（1823），以及理查德·佩恩·奈特的绘画、宝石和青铜器藏品（1824）。这么一大批藏品当然是对之前小门小类寄存品的得力补充，那些出自访客和热心

人士的寄存品更多地意味着捐献，但却得不到公众的掌声。其中就有一块13盎司（约370克）的铁片，取自萨姆·斯蒂尔的头颅。此君是西印度群岛客轮"格伦维尔"号的大副，也参加过前一年9月10日的一次战斗。这枚铁片击穿了他的眼睛，嵌入了头颅之内的不可见区域。受到铁片伤害的这位斯蒂尔先生现在已经康复（1779年12月17日）。这件物品别具一格，不是因为它"是什么"，而是因为它"没做成什么"。不过，其他物件可就无关紧要，也让人摸不着头脑了，比如"巴斯绅士菲利普·西克尼斯的方形烟斗里形成的一个结块"（1792年6月1日）。然而，理事们还是一以贯之、无偏无私地记下了他们对"这些馈赠"的感谢之意。

新的难题在捐助人试图继续掌控藏品时出现了。即便是约瑟夫·班克斯这般头面人物，也不免在与同侪理事的讨价还价中败下阵来。班克斯提议设立一项"交换制度"，即他"获允在大英博物馆寄存一些理事首肯的物品……以及……在他需要这些物品的时候，可以申请用一模一样的复制品来取代它们，入藏博物馆"。理事们牢牢地掌握着博物馆的管理权，干脆利落地做出了回应：

> 约瑟夫·班克斯将要寄存的所有类似物品……理当被视为藏品的一部分。事实上，从这些物品转交给蒙太古府馆员的那一刻起，它们就是理事们的财产了；理事在任何时候都当享有全权，只要他们认定不合情理的话，就应拒绝约瑟夫·班克斯爵士提出

罗塞塔石碑，公元前196年。石碑刻上了托勒密五世以三种文字——象形文字圣书体、世俗体和古希腊语写成的法令，因而成为学者破译古埃及象形文字的得力工具。

以复制品置换它们的所有请求。（1802年4月9日）

　　大英博物馆的存在，给了收藏家一条通向某种不朽的明路，方式是一笔重大捐献、一桩金钱来源（尤其是对收藏者的家人而言）、一处藏品之家。公众或将公正无私地认定，这处藏品之家势将成为更广受众的兴趣所在。登记参观的票务制度于1810年废弃不用，结果就是访客人数的急剧上升：1809到1810年还只有15000多人，第二年这个数字就几乎涨了一倍，而到1822—1823年已经达到了每年10万人。数不胜数、或大或小的藏品源源不断地抵达这里，它们的储藏和展览都需要空间，由此带来的现实压力成为制造政治压力——也就是扩建和修正建筑物的那股政治压力——的必备要件。

　　早在1802年，理事们就讨论了分阶段扩建博物馆的需要。汤利藏品的到来（以2万英镑的价格购自汤利家族）推动了乔治·桑德斯设计的新展厅的建设。1808年开幕的新展厅不但藏入了查尔斯·汤利的大理石系列，还顺势放进了一部分克拉切罗德、斯隆、科顿和汉密尔顿的藏品。这么一来，凭借高超的外交手段、灵活应变的能力、机会主义和不失时机的实用主义，理事们得以将政治、文化、行政和个人的压力统合起来，创造了不可或缺的舆论气候，达成了一系列在事实上改变世界的里程碑式成果。

　　这些成果中居于核心地位的乃是1814年拍卖会以1.5万英镑拍得的希腊"菲加勒伊安石雕"，其浮雕图案是巴赛的阿波罗神庙。两年后，英国议会历经大量运作和斗争，从埃尔金勋爵那里以3.5

描绘大英博物馆汤利展厅的画作，托马斯·普拉滕特绘。汤利展厅由
乔治·桑德斯设计，本图出自《绅士杂志》，1810年9月号。

万英镑的高价买到了帕特农石雕，并永久地存放在大英博物馆。
这些雕塑后来一直成为英国和希腊之间纷争的一大来由：自1832
年从奥斯曼帝国那里赢得独立以来，希腊就屡屡向英国提出归还
这些文物的请求。上述大理石浮雕和幸存于世的三角楣饰，曾于
1801到1812年间经由经纪人之手，从雅典的帕特农神庙移转到
了第七代埃尔金伯爵托马斯·布鲁斯之手。埃尔金伯爵的行动得
到了当时奥斯曼帝国希腊总督表见代理的两道许可证，不过这些
许可证今已不存。第一批大理石于1802年抵达伦敦，随着数量渐
长，它们也间或在埃尔金的帕克巷住所展出。这批文物立即就成
了一轮聚讼的焦点，至今依旧争辩不休。大英博物馆的捐助人兼

赞助人理查德·佩恩·奈特质疑文物的真实性，对它们大加斥责。浪漫派亲希腊诗人拜伦勋爵在《恰尔德·哈罗尔德游记》（*Childe Harold's Pilgrimage*，1812—1818）一书中出言谴责，这批文物运出希腊就是一场公开破坏：

> 麻木不仁的是那些不掉泪的眼睛，
>
> 看着英国人的手破坏你的城墙，
>
> 搬走你残破的圣坛；
>
> 英国人本来应当
>
> 保护你的古迹——一旦残破，永难恢复；
>
> 应诅咒他们离开岛国来到这地方，
>
> 又一次刺痛了你忧郁苦闷的心窝，
>
> 硬把你那些衰老神明送到不相称的北方岛国！[4]

尽管存在种种反对声浪，但这批雕塑的庞大体量和重要性使之急需妥适的存放之地，于是人们就营建了一座新展厅。这座新展厅于1817年开馆，出自罗伯特·斯莫克（1780—1867）的设计。斯莫克乃是英国工务部的建筑师，受政府分派负责大英博物馆。新展厅堪称博物馆迈出的一大步，馆员人数也随之增加：

> 展厅开放之后，大家发现有必要雇用一位体力工人，负责点燃并照看炉火、清洁大理石等不甚体面的杂务；大理石在运送的途中，一个名叫约翰·加雷特的人已经完成了相似的职事……他

用行动证明，自己是个正派得体、才智具足的人。（1817年3月8日）

凡此种种缘由让约翰·加雷特得到了"临时雇用"。但就在加雷特得到工作的同时，理事们却驳回了给博物馆大厅额外值勤人员涨薪的请求。这些执勤人员负责照看人数激增的游客随身携带的雨伞和手杖，他们可都是因为新进希腊古物慕名而来的（1817年3月12日）。艺术家兼日记作者本杰明·罗伯特·海顿（1786—1846）在新开展的埃尔金大理石前听到了如下的游客对话："它们是多么残破啊！难道不是吗？""是的，"此君的朋友说，"但人生也是如此残破不堪。"

和所有现代博物馆与图书馆一样，大英博物馆也面临着被窃的风险。获得克拉切罗德的藏品之后的三年中（1804—1806），博物馆接连遭到了罗伯特·戴顿有条不紊的盗窃——不过，这只是此君卓尔不群的人生的一部分内容。身为流行歌手的戴顿，也是悦人耳目的讽刺漫画作家，但他的第三个身份是偷窃成性的艺术商人。戴顿结交了基层图书馆员威廉·贝洛，并以鹅、鸡、鱼和豌豆惑其心智。戴顿拥有轻而易举接触博物馆版画收藏夹的渠道，因此得以将其中一些精品"收入囊中……揣进衣袋……据为己有"，并拿去贩售。戴顿后来被抓个正着，但却被免于起诉：原因

下页图

油画：1819年的临时埃尔金展室。

罗伯特·斯莫克设计，阿奇巴尔德·阿切尔绘。

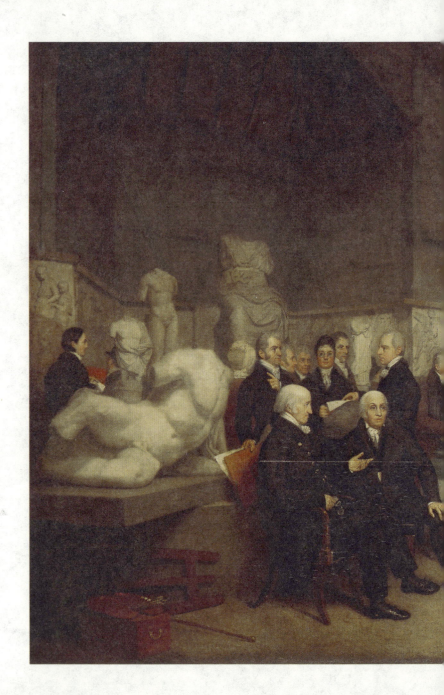

是针对他的证据不甚充足，而他也配合馆方尽可能地追回了失窃版画。这桩离奇窃案的结果是，贝洛因玩忽职守而遭到解雇，博物馆失去了不少最为珍贵的版画，迫于形势，理事们从根本上加强了安保工作。[5]事件过后的大英博物馆，推出了对版画和绘画藏品的"严格登记"制度。

* * *

大英博物馆为全体访客发行的第一本出版物《大英博物馆藏品概要》(*Synopsis of the Contents of the British Museum*，1808)是一部了不起的文件。这本概要既是蒙太古府诸藏品的一份导览，同时也是议会法案和投票记录的全部实录，而正是这些法案和投票，促成了大英博物馆的奠基和开放。不过这份文件的阅读体验却并不好。除了《议会下院议事录》(*Journal of the House of Commons*)的种种摘编和补遗之外，尚有更多的章程条例、馆员职责、43名理事名单，以及博物馆成立之初的全体馆员清单。整整184页之后，我们最终才读到这份出版物的主旨，也是其绝大多数读者渴盼的信息——我们能在博物馆门墙内看到什么。理事们在"概要"里搞这么一堆佶屈聱牙的东西，正是要借此将他们的机构与国家机器牢牢地绑在一起。大英博物馆不能被认定为——如果曾经是的话——前途不定。议会的意愿、英王的批准，都要写在"概要"的前面，供所有人阅读。

如前所述，博物馆安保饱受戴顿窃案破坏。在看守不严事件发生四年之后，新出版的"概要"显示，官方已有新政。"无论任何时候"，博物馆的主体建筑和周遭空地，都得有资深馆员在场看守；门窗应当"在旅行团离开博物馆"之后关闭；火炉里的火焰在夜间应当小心翼翼地保留；信使及其助手也应密切留意"大厅、过道（尤其是地下室那层的过道），以及其他可能发生危险的地方"，力保安全无虞，"检视并无旁人躲在里面"；点燃的蜡烛应当放在灯笼里，"绝不允许以其他任何方式……将蜡烛带入博物馆"。一旦火情发生，立即鸣响警钟，通知"住在合理距离之内的理事"。首席图书馆员必须确保灭火器布置得井井有条，蓄水池"理当始终装满水，或是接近装满水"。的确，比起盗窃，失火才是主要顾虑——1731年科顿图书馆火灾的前车之鉴，让防火显得更为紧迫。

"概要"一书最有趣之处在于，其作者确认了运营一家博物馆的主要职责，这可能是现存最早的博物馆管理指南。随着时间演进，这些"馆员职责"在随后的几百年里成为标准的操作规程，仅在优先级上有所重调，或是在内容上有所增补。

1. 首席馆员应"有必要且经常"待在博物馆里；

2. 他理当允许"显赫人物……尤其是外籍名人……额外准入"；

3. 若有某件藏品遗失或毁坏，他必须知情；

4. 各馆员"均应各展其长，科学安排藏品，适时为自己受命

照看的新添藏品撰写名录；也要在有需要的时候负责重排旧
的名录"，并注记藏品放置的地点；

5. 一份下级馆员或助理馆员的轮值表，保证博物馆总有一
人待命；

6. 应向读者提供所需的书籍和手稿，保证他们不会损害书籍
和手稿，或是打扰其他读者；

7. 馆员各自履行职责之时，理当勤奋供职，以荣崇、正直、
慷慨之人自命自任，心中诚怀大英博物馆之效益声誉。

除了巴赛遗址和帕特农石雕这些声名卓著的入藏文物之外，
大英博物馆的日常工作也在继续：保存、注册并增加其他更为现
代的文物，丰富其藏品规模。1816 年 5 月 11 日的一次会议上，理
事委托雕塑家理查德·维斯特马克特修复菲加勒伊安石雕。他们
也花费 15 英镑，从诺维奇的西姆斯先生那里买来了 3187 份昆虫标
本。6 月 15 日，他们又以 1100 英镑的价格买到了蒙太古上校的英
国动物标本藏品。这是一座明白无误的"万物博物馆"了——希
腊的大理石、诺福克郡的昆虫，还有西印度群岛那块嵌在水手眼
睛后面的大铁块。

大英博物馆确有收集版画和素描作品，但在那个历史阶段里，
博物馆也负责收罗聚拢英国的绘画藏品。19 世纪 20 年代初，博物
馆开诚布公地说，一座满是书架、展示柜和动物标本摆台的建筑
物，已经无法满足古代大师绘画的空间要求。人们也在尽力设法

使博物馆免除储藏这些绘画作品的职责。英国拥有自身国家美术馆的渴求日甚一日，声望卓著的艺术品收藏家乔治·博蒙特不免也受其感召。1826年，博蒙特爵士将他的藏品捐给了大英博物馆，同时还与博物馆理事联合，玩了一把机巧的政治游戏。博蒙特本来的打算是要促成政府拨款，为博物馆建立一间肖像展厅。结果到头来，除博物馆创始人肖像之外的油画藏品，都于1828年悉数转移到了新建成的国家美术馆。本来按计划要存放古代大师绘画的博物馆画廊空间却改作了他用：这里摆放着一堆堆矿物标本，高悬其上的则是博物馆收藏的肖像画。

　　1823年，蒙太古府东面和背后的土地已是一派热火朝天的建筑工地气象，罗伯特·斯莫克得到理事的确认，获任官方建筑师。西面的汤利展厅尚称人意，但仅仅过了10年，其时存放帕特农石雕的临时建筑就已堕入"不安全状态"（1826年1月4日）。斯莫克向理事报告了他的扩建建议，他们将这些建议写成了九点主张，并呈递给财政部。这些主张势将打造一个与时俱进、再度合用的大英博物馆。理事在此设立了新的标准，并且展望未来：大英博物馆乃是稀世奇珍，其规模、雄心、世界观，甚至其自身的存在就足够独特。它为未来的公共博物馆开拓了发展方向。为了因应起伏不定的空间压力和大众压力，理事也要求便于行事之权，俾能迁移博物馆内的藏品。

下页图
《埃尔金大理石！或名：约翰·布尔购买奇石的同时，他的一家老小却在渴求面包！！》
1816年，乔治·克鲁克香克绘。

Here's a Bargain for y...
for you.! Never think...

I don't think somehow that th...
Trade is very Bad and...
it will cost £ 40 000 to t...
in his Official capacity fo...
should not charge such an...

The Elgin Marbles! or John Bull buy...

nly £35 000!! I have bought them on purpose
n you can have Stones so wonderous cheap!!
are perfect! and had rather not buy them at present
Dear, and my Family can't Eat Stones! Besides they say
put them in — As the Turks gave them to our Ambassador
ng & solely out of compliment to the British Nation — I think he
e for Packing & Carriage.
Dont buy them Daddy! we dont want them Stones. give us Bread! give us Bread! give us Bread!
Let him take his Stones back again to the Turks we dont want them in this Country!!
Just Publish'd Speculation!! or Travels in the East in search of ruinous fragments of Stone for John Bull by Lord Elgin
The Grand National Stone Build.g of the Strand or Waterloo Bridge impeded & delay'd by an Enormous & illiberal Demand for the purchase of the Crown land in the Savoy
sold in future for One Shilling & Sixpence
es at the time his numerous Family want Bread!!

要想明确地告诉政治家，免费的博物馆和美术馆，乃是一个先进文明渴望了解自身的符记，那么一家博物馆对其政治领导人的要求，就必须一以贯之、持续不断。早在1784年，身为理事的约瑟夫·班克斯爵士提出的收取入场费的请求，便遭到了驳回。理事们认为，"即便能获得（入场费）收入……这对博物馆日常经费的短缺而言，也只不过是杯水车薪"。于是，大英博物馆依旧或者说从来都是一家免费的博物馆。未来二百年间的诸位馆长，无论是弗里德里克·凯尼恩爵士、大卫·威尔逊爵士，还是尼尔·麦克格雷格，都将激情洋溢地捍卫这条免费参观背后的原则（见第七章）。

同样，既然博物馆给公众带来了学问和知识，那么上层官员也必须予博物馆以支持。1826年6月，大英博物馆的理事便如此向政治家们表达了诉求：

1. （面对刊行书籍的持续增长）18万册藏书至少需要用到两倍于今天东楼国王图书馆的存储空间，那里只能存下6万册书。

2. （肖像藏品移走之后）矿物标本将占据东楼的上层楼面；动物标本和植物标本或将合理存放于西楼的楼上展厅（汤利展厅）。

3. 对馆员和访客而言，上层楼面之间的便捷交通将是当务之急。

4. 必须盖一间空间足够的印刷室，并优先满足自北向南的照明需要。

5. 修建一间安保齐全的荣誉室。

6. 伊特鲁里亚古物需要一间比当前更好的展厅，方能配得上
   这些文物的质量。

7. 一间专为理事准备的会议室，需要前厅和内室。

8. 一间小型的休息室，专为每个部会的主任馆员准备，以为
   学习和工作之用。

9. 博物馆书籍装订商和雕刻工所需的作坊。

　　理事的要求可能还包括：开辟更多空间以容纳雨伞和手杖；
为博物馆的石膏匠扩展工作空间。其他博物馆、学院和私人收藏
者对古物石膏模型的需求源源不绝，石膏匠的工作给大英博物馆
带来了不少收入。就以希腊古物为例，1838年的一份价目表显示，
菲加勒伊安石雕之"命运三女神"其中之一的石膏铸像就要花22
英镑，一尊马头也报价1英镑5先令。理事的会议记录显示，1829
年，大英博物馆收到了纽约哥伦比亚大学图书馆馆长和博物馆馆
长铸造罗塞塔石碑石膏模型的请求（1829年4月11日）。

　　理事的会议记录也持续不断地报告着他们对今天被归于"策
展事务"的事项的支持。比如说，佩恩·奈特藏品中的伦勃朗素
描总是备受临摹者青睐，于是理事们就在1825年规定，在所有作
品都被镌版之前，禁止一切对伦勃朗画作的临摹行为。不过，禁
令并未波及17世纪成就稍逊的荷兰画家阿德里安·范奥斯塔德

的作品，这反映了理事们对两位艺术家的相对重要性已经有所认知（1825年2月12日）。不仅如此，会议记录还显示，填充动物标本——一条北极狗、一只尼泊尔山羊、一只小海豹和一只水獭——曾于"自然志楼层的第11展室"公开展览，却惨遭破坏。未来需要为这些藏品配备玻璃橱柜（1824年7月10日）。

于是理事们便想了一个法子：要求他们新雇的馆员购买债券，以此确保他们的忠诚。1827年，已是印本书保管人（后来也是手稿保管人）的亨利·埃利斯（1777—1869）出任首席馆员。他不得不认缴价值2000英镑的债券，"俾使他忠实履行首席馆员之职责"；还有另加的2000英镑，"因为他独立担任的信托接管人和催交人两个职位"。这是一招反腐败策略，意在迫使在其位者忠诚履职，以免法律诉讼找上门来时赔钱又蚀本（1828年1月12日）。新任下级馆员也被要求认缴数额较小的债券。这项政策意味着，要想获任为大英博物馆的专职人员，你就得事先有一定数额的金钱。

这时的大英博物馆已经风靡于世、活力十足、喧闹嘈杂、引人入胜，一如既往的迷人。记者兼喜剧作家皮尔斯·伊根（1772—1849）在他的《伦敦生活指南》（*Life in London*，1821）一书中虚构了一对名为"汤姆和杰瑞"的小镇纨绔子弟形象，两人在某"向导"的指引下绕着大英博物馆转了一圈。这则故事表明，早期形态的义务伴游已经演化为一种非官方的公共服务。来自四面八方和各类人群的礼物纷纷涌入博物馆，不少送礼物的人差不多都是所谓的"知识分子"。纷涌而来的赠礼热潮足以证明，大英博物馆已经多么深入人心，如今已是国家意识的一部分。自然哲学家、研究恐龙的先驱人物基甸·曼特尔就是一位大捐赠人，其他捐赠者还包括诗人兼收藏家塞缪尔·罗杰斯，艺术家、作家、旅行者、博学多闻的威廉·布洛克东，还有画家本杰明·罗伯特·海顿。1830年6月，海顿捐出了"他本人撰写的几本艺术小册子"（1830年6月12日）。收藏名家理查德·佩恩·奈特捐出了他的1000幅素描画、800尊青铜文物、几十颗宝石，条件是佩恩·奈特家族的成员永久占据理事委员会的一个名额。这项条款一直忠实地履行到了1963年。当其终止之时，大英博物馆举办了佩恩·奈特藏品特展。展览上引人注目者，便是标记其素描画而特别发行的邮票。设计这款邮票的重责大任落到了理事兼皇家艺术学院院长托马斯·劳伦斯爵士和超迈杰出的奖牌设计家贝内德托·皮斯特鲁奇的头上，后者的说法是"邮票的四周将铸上'大英博物馆'的字眼，词首大写字母'RPK'也将刻在中心"（1824年7月10日）。

博物馆满腔热忱地礼聘自然哲学家——也就是今天的"科学家"——全情投入馆务。1808年的"概要"一书也表明了馆方对于科学知识前沿进展的清晰理解：

可以预料的是，随着近年来自然博物科学的重大进步，虽然汉斯·斯隆爵士的藏品在购进的时候还称得上是一等一的宝藏，但它们也将不知不觉地在相对价值上有所退步：事实上，这一点在鸟类学和矿物学的分科那里展现得最为淋漓尽致。相应地……后来的不少新添藏品都是自购买和捐赠而来，藏品总数一下子就多起来了……其数量和稀奇程度在当今时代都罕有及者。

接过约瑟夫·班克斯那一代人衣钵的是化学家兼教师汉弗莱·戴维爵士（1778—1829），此君在接掌理事的同时，也给博物馆带来了不少新观念。汉弗莱提出，设计并供应一种玻璃橱，俾能"密不透风，材质永固，以为保存自然志标本之用"（1824年11月13日）。保存有机物质的科学开始急起直追地研究这些物质，我们能有博物馆还是要感谢这些科学。戴维及其同事威廉·沃拉斯通都受邀，"以实验之目的"研核1731年大火中劫后余生的科顿手稿余烬和残渣。戴维向来谙熟火损手稿，亲手检核过赫库兰尼姆古城出土的羊皮纸——这座古城正是毁于公元79年的维苏威火山大爆发。

事态变得愈加明显起来：书籍数量的增加和博物馆新收藏品规模不可逆的扩大之间终将产生冲突。冲突既已无法避免，那么现状也就如人公认一样难以为继。尽管如此，大英博物馆也随着19世纪的深入而继续前行：访客增加、建筑倾圮、预算萎缩（或者至少是无法跟上预期）。博物馆于1840年拒绝了一批为数50只、包括"23或24个品种"的袋鼠的报价，因为卖家索价100英镑，而动物收藏部的预算只剩下68英镑（1840年9月26日）。另一方面，亨利·埃利斯在一年之后不无欣喜地向理事们报告了他的好

旧大英博物馆，即蒙太古府的楼梯。长颈鹿、犀牛和访
客。1845年，乔治·约哈恩·沙夫绘。

消息，那就是"A"字首的《新印书籍名录》预计于本月末出版完
毕（1841年7月10日）。这番宣示对书籍编者而言堪称迈出了一大
步，现在只剩25个字首要完成了。

　　相较于考古学、民族志、古代史、钱币奖牌和版画素描，19
世纪40年代的大英博物馆仍旧更重视自然志、版画和手稿。所有
藏品的规模飞速增长，所需的储藏空间和展示空间也在同步增长。
其中，到21世纪还留存在大罗素街的那些藏品仅仅占到了总数的
一小部分。

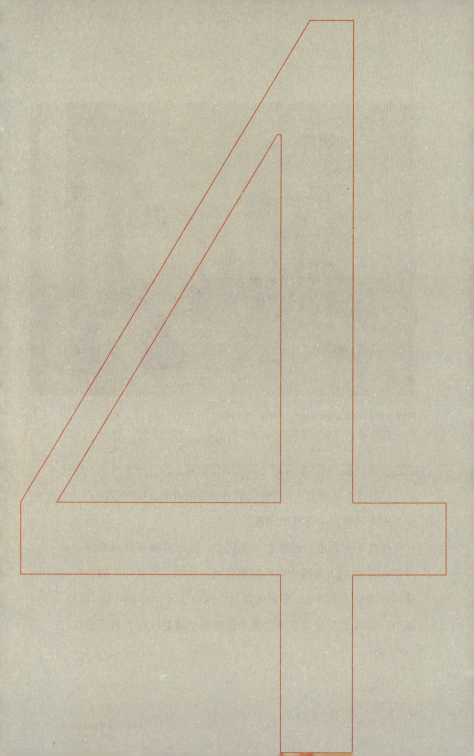

* * * * * *

1821—1846 年间的重建

"安居的渴求"

皇家建筑师罗伯特·斯莫克举止优雅、精力充沛、平易近人，堪称是一等一的托利党建筑师。受命任职于大英博物馆之前，他已经设计建造了（或者说正在建造）如下作品：为朗斯代尔伯爵修建位于威斯特摩兰郡的劳瑟城堡，为剧团经理约翰·菲利普·肯布尔修建的新皇家剧院"科芬特花园"，此外还有遍布英国各地的桥梁、市政厅、教堂、兵营、医院、法院、绅士俱乐部和乡间别墅。斯莫克还曾成为应召入宫的皇家建筑师。他与心思机敏的承包商塞缪尔·巴克三世（1761—1836）一起主持了不少濒危建筑物和失败工程的抢救工作，其中就有海关大楼和米尔班克监狱。

　　滑铁卢之役（1815）之后的几年时间里，人们见证了公共建筑的复兴，斯莫克本人的建筑事业也正是在这段时间开始腾飞。公共建筑的复兴与斯莫克的事业珠联璧合。斯莫克采用的建筑风格乃是希腊复兴式和帕拉迪奥式，这正是一个年轻人经年累月走访意大利和希腊采风素描的产物；他也目睹了埃尔金勋爵手下士兵搬取帕特农石雕的全过程。斯莫克的建筑拥有诸多工艺特点，他对铸铁廊柱、凿空铸铁横梁、混凝土地基、中央供暖系统的运用，堪称繁复精巧，板岩地板、铜皮屋顶这种内部防火设施的使用也臻于化境。普鲁士大使兼建筑师卡尔·弗里德里希·欣克尔（1781—1841）曾于1826年访问伦敦，并详细审看了在建的大英博物馆，然后写成报告呈交给了本国政府。[1]普鲁士和英国一样，深知博物馆"展示软实力"的潜在价值。大英博物馆堪称是现代建筑材料和建筑工艺的试验台，正是现代建筑材料和塞缪尔·巴克的天纵奇才的合二为一造就了斯莫克的建筑作品，而不是裹在表面的古典样式。

斯莫克获任博物馆建筑师的时候，理事并不知道他们即将与斯莫克本人及其家族开启一段至关重要而又持久深远的合作关系。相较于留守蒙太古府，理事们曾在短时间里起心动念，将所有藏品一股脑儿地挪到蓓尔美尔街东端的卡尔顿府里去，当时这所房子刚刚由威尔士亲王清空。但最后还是理性思考占了上风，斯莫克也于1821年呈交了修建东西两楼的计划。1823年，英国议会票决通过了修建一座东楼的4万英镑预算。东楼将作为国王图书馆，用来存放王室藏书，同时也将存放斯隆、哈利和科顿三人收藏的手稿。斯莫克的建筑才华得以借着这栋建筑物极致展现，无论是唤起庄重，还是打造空间。塞缪尔·巴克的工程艺术和人事管理长才也至关重要，因为这处选址渐渐地展露出了其所特有的困难，比如他必须得想办法克服的水浸问题。博物馆馆员骨干约翰·康拉特写过一本留存至今的简明日记。1823年9月8日星期一，他记载说："大英博物馆新楼地基的第一批砖块放了下去，基址临近旧楼的东端。地面颇具弹性，我看到了泡在水里的砖块和灰泥，地基约有12英尺之深。"[2]

巴克正是那个将建筑师"给予国王图书馆宽阔空间"的蓝图

下页图

罗伯特·斯莫克爵士半身像，1845年，
托马斯·坎贝尔作。

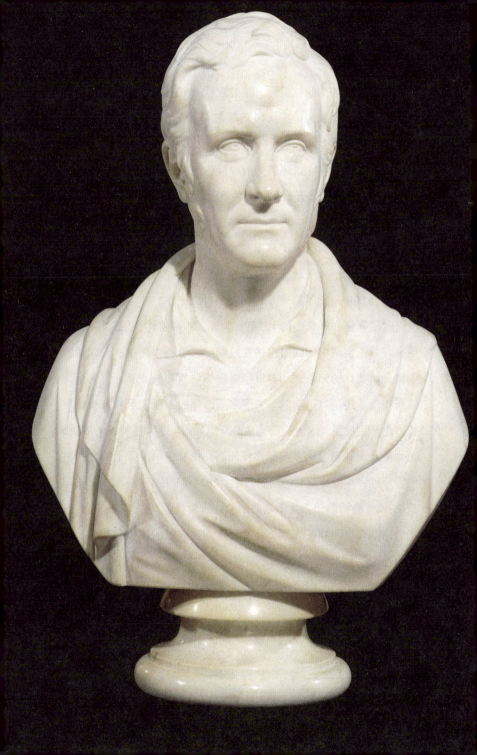

付诸实践的人，同时也提出了他本人的要求，那就是让混凝土地基发挥效用。他勤勉任事，对眼前的任务料敌机先。1828年7月，艺术家老乔治·约哈恩·沙夫（1788—1860）在伦敦城周边做长期巡游，其间造访大英博物馆基址，与巴克有所交谈，后者向他提及修筑大英博物馆所需石料的工程量的相关信息。沙夫还在他手绘的"欧洲其时最大的建筑物基址"的素描边栏上写道："建筑师巴克先生告诉我，其立面将有44根廊柱，主体建筑也将用掉10000吨石料。"建筑立面确有44根廊柱，斯莫克的设计骨架显然早早就完成了。为一栋公共建筑耗费如此巨大的工程量，在当时的英国是前所未有的。巴克显然有意给沙夫留下深刻印象，他既精准而又自豪地向沙夫表达了理事在他们这项大工程之中展现的雄心和魄力。[3]

沙夫的素描画展现了热火朝天的建筑景象：国王图书馆已经竣工，远在视野之外；汤利展厅距离适中，略显荒凉寂寥，时日无多；一侧的西楼正在拔地而起；查尔斯·兰姆口中"天谴穷途"的蒙太古府露出了一角，等待着它的终结。博物馆诸建筑吞噬了它们自己：十年之内尚称上佳新潮的住所，也许到了下一个十年就会以不敷使用之名惨遭淘汰。这堪称史上辛酸动人的一笔：1799年上任负责修建汤利展厅的首席馆员约瑟夫·普兰塔，也是负责下令拆毁这座建筑的人。大英博物馆档案里的拍卖公告无声地诉

下页图
汤利展厅，以及斯莫克正在修建的新西楼。
1818年，乔治·约哈恩·沙夫绘。

fig k. old gallery of Antiques in the British Museu

K. Sir Robert Smyrk
is the Architect

There will be 44 Columnes to the Facade, and 10,
as Mr Baker the Builder told me

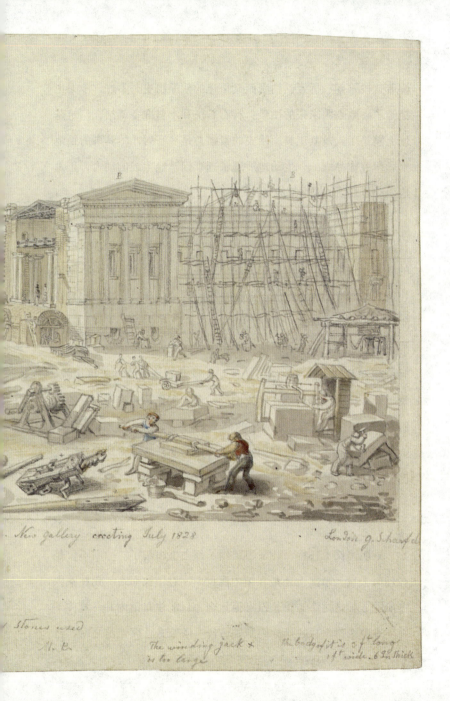

New gallery erecting July 1828

London G. Scharf del

stones used

No. Br.

The winding jack x
is too long

The body of it is 3 ft long
1 ft wide, 6 In thick

说着这段修建、拆毁、拍卖而又重建的残酷历史。不过，沙夫也描绘了一幅着眼未来的图景：料石石块和木料准备就绪，建筑基址上满是工人及其工具。沙夫的素描乃是一系列详尽其事的铅笔水彩研究作品之一，生动地展现了理事们已经生成的动力，正是这股动力推动了博物馆的发展。

　　显然，这项工程涉及的规模一定会让某个不情不愿的财政部官员觉得"没法通过"。不过，博物馆的扩张确实有一股无可阻挡的动力。这里不但是欧洲最大的建筑基址，大概也是最为吵闹的建筑基址，喧嚣的噪声也将一直进入19世纪50年代，1854到1857年间的圆顶阅览室也在修筑之中。布鲁姆斯伯里居民"深受其害"的证据，至今仍有留存。博物馆手稿管理人弗里德里克·马登当时就住在基址，他也抱怨了"泥瓦匠砍凿石块带来的极度困扰、匮乏和不适……他们就在紧挨窗外的下方工作……难以容忍的肮脏和噪声……"还有"工人们的粗俗无礼"。对那些坐困阅览室的人而言，生活肯定也极端困难：适合用功的僻静势将被建筑工人的噪声打扰。

＊　＊　＊

　　早期馆长（奈特、马蒂和默顿）都去世很久了。他们不仅是在任时去世，事实上还是在馆内离世——对馆长而言，死在蒙太古府并非稀奇之事。馆长没有退休金，只能住在馆内并一直住下去，直至去世。1799年，约瑟夫·普兰塔荣升首席馆员之时，已在博物馆工作了 26 个年头。彼时的大英博物馆仍然只是斯隆医生名下藏书和稀世珍品的聚合；而在 1827 年普兰塔去世的时候（当然，也是死在馆内），他已成为大英博物馆供职最久的雇员。普兰塔主持收藏了汤利藏品、佩恩·奈特藏品、克拉切罗德藏品、菲加勒伊安和帕特农石雕，以及包括罗塞塔石碑在内的埃及古物。大英博物馆的蝶变虽说成功于 19 世纪，但在 18 世纪就拉开序幕了。正如 J. 莫当特·克鲁克颇具才情的说法，"大英博物馆造就这座建筑物，有如海龟造就了它的甲壳"。

　　大英博物馆这段时期的新获藏品，也反映了英国基于海上霸权获致的日新月异的帝国势力。埃及古物之始入英国正是在 1798 年尼罗河之战后，那一役也让拿破仑在东地中海的雄心壮志受挫泄气。亚述古物也开始进入博物馆展厅，这一切都发生在约瑟夫·普兰塔的首席馆员任期之内。莫当特·克鲁克后来的评论，"一家博物馆只懂一条法则：扩容"，在此期间变得清楚显白。[4] 面对"藏品扩容"这一无可回避的事实，普兰塔不但推动和主持了名目繁多的建设，还见证并促成了博物馆的第一批藏品交割。斯隆藏品中的"怪物"（也就是瓶装的那些怪奇生物）于 19 世纪初送予了伦敦皇家外科医学院的亨特里安博物馆，古典名画也于 1828 年转给了新成立的国家美术馆。[5] 除诸创始人肖像画之外的所有肖像画也在 19 世纪 90 年代转给了国家肖像美术馆。

　　普兰塔任职期间的馆务工作堪称现代博物馆的先声。在此期间，理事的会议记录更为连贯有序，博物馆成立了次级委员会，开放时间也有所延长。理事对馆务的掌控也逐渐放松。义务伴游中止，普惠访客的免票制度得到确认，基于学术目的的谈话会和物品法医鉴定也开始了。艺术家和艺术生获允入馆作画，与国内外其他机构的公共关系也得以培育：不仅仅透过学术交流，也经由获利丰厚的石膏模型售卖生意。游客指南一本本出版，足以满足所有类型的观光者；学术研究继续进行，以为藏品目录之用；馆员薪水也有所增长。1818年，蒙太古府的庭院还用上了煤气灯（1818年2月14日）。

普兰塔在藏品保养问题上的管理思路多有转变，当时古物部馆员泰勒·库姆（1774—1826）的说法堪称其中一大例证。在古物部出版的《大英博物馆古大理石藏品概述》（*A Description of the Collection of Ancient Marbles in the British Museum*，1812）一书中，库姆表示：

我们不由得要表达我们对于过度频繁地修复古代大理石毁损部分这种行为的强烈反对；这些修复就算技法精熟、巧夺天工，通常情况下也根本谈不上是复原。在古典文献研究领域，学者永远不会容许在某个古代作家的文本里窜入臆测的增补文字；想必，同样的正确情感也当一体适用于古代雕塑的遗存，如此一来方能保护它们免于"臆测复原"的种种伤害。

库姆所提及的这种做法，在罗马雕塑家、修补者巴托洛梅·卡瓦切皮（1716—1799）的工作坊中颇为普遍。他们对待考古遗存有

旧蒙太古府庭院掠影，画面中有馆员们的住所。19世纪40年代，
约翰·维克汉姆·阿切尔绘。

如卖给藏家的出土艺术品，而非古代历史的见证。如此一来，"古代"雕塑便连同那些不甚明智或颇为有害的"修复"和"重建"一起，既深且广地传布到了壮游欧陆的英国访客行囊里。库姆认定自己有责任保证大英博物馆对这类做法敬而远之。

* * *

斯莫克寄予大英博物馆的宏图壮志，无论在雄心还是在程度上都推动了有关伦敦基建扩大的讨论。尽管蒙太古府恰到好处地位于威斯敏斯特和伦敦城之间，现存的街道布局却并没有给博物馆配备最便捷的通道。斯莫克新楼的诞生缓慢不堪而又充满波折，与之相伴的还有未来数十年间一批又一批悬而未决、争辩不休而又束之高阁的改善街道提案。1825年，约翰·纳什提出了一个以"七面钟"（Seven Dials）*将查令十字街与大英博物馆联结起来的方案。与纳什已经完成的摄政街规划相比，这一方案将打造一条更为平缓的弯道。有关这一方案，年轻建筑师托马斯·L. 唐纳尔森写道：

> 现在尚未定案的诸计划里，开辟新街道成了最受欢迎的那个……西区的头面人物怒气冲冲，只因如此之多的好东西竟然放到了遥远的东边，于是他们在议会里大声吵嚷。政府部门焦头烂额地在议会里论证他们的方案，希能聘用纳什先生，在那里打造一条尊贵宽敞的通道。西区大人物们满腹怨言，只因他们根本没法去到大英博物馆。[6]

五年之后，英国议会讨论了另一个方案：修建一条连接滑铁卢桥和高霍尔本的新路。[7]恰巧有一条始自滑铁卢桥的直线，沿着北—西北方向直接通向大英博物馆柱廊的中心。这样就将有一条妙不可言的康庄大道，堪称"斯隆教区教堂"的布鲁姆斯伯里圣乔治座堂也将位于一个新交通岛的突出部。这条修长笔直的林荫大道令人想起巴黎和柏林的城市规划。但是，土地所有者反对这个计划；

★　一种城市规划方案，即七条街道的交叉口。

无论如何，这种规划也与伦敦的城市性格不符。

好奇心使然，我们不免做一番简单畅想：如果当初的理事在18世纪50年代将白金汉府选为大英博物馆新家的话，伦敦的城市发展又将有何不同。是的，他们本可以那么做。相比于爱德华·布洛尔1830年的原始立面和1913年阿什顿·韦伯的重新设计，我们势将看到一个焕然一新的白金汉宫，一个有如斯莫克那个"布鲁姆斯伯里方案"的白金汉宫。不过，较之蒙太古府更为宽阔的白金汉宫也将衍生出一个样式截然不同的博物馆，理论上它足以向三个方向延伸，通往圣詹姆斯公园、格林公园和今天的肯辛顿宫花园。当时的林荫路（The Mall）还只是一条花木扶疏的公共人行道，若大英博物馆搬入白金汉宫，也许它终将成为纳什等人于19世纪二三十年代为布鲁姆斯伯里预先规划的宽敞大道，20世纪初的阿什顿·韦伯也意识到了这一点。但若是圣詹姆斯宫变得"实质上不宜居"的话，那么乔治三世和夏洛特王后又将选哪里住呢？理事弃用白金汉府仅仅是一念之决，却悄无声息地给伦敦的未来规划带来了深远影响。一处生长在首都别处的王室宫殿，势将带给伦敦截然不同的另一种风貌。

* * *

经由19世纪上半叶的种种产业、商业和社会革命，斯莫克对大英博物馆的构想演化为了最终形态。从规划到建筑这段时期里，掩映在廊柱雏形背后的博物馆本身也在进化，从一个庞大、笨重且罕有人懂的珍品宝阁，演化为一家古物古董逐渐彰显其优先度的机构。大英博物馆乃是聚拢万物的媒介、经验主义的原料，包罗万象的智力实验得以在此进行。旧蒙太古府的碎石瓦砾于19世纪40年代一车车运出、建筑配件拍卖处理，博物馆藏品之中的希腊元素便在同一时期生根发芽，长成了里面的一根根廊柱，为馆内的希腊世界打造了一副张扬于外的面孔。大英博物馆规模巨大，同等规模的建筑在意大利、法国、德国和俄国那里也许就成了王宫禁苑。然而这里是英国。就在伦敦拥挤不堪的心脏地带，就在居民建筑和商业楼宇环绕之中，大英博物馆成了一座公众自得其乐的宫殿，而且配备的东西都属公众所有，因为这是国家的藏品。

遗赠、馈赠和意料之外的藏品，它们可能的不期而至让任何博物馆都难以规划扩建。有的时候博物馆馆长会对大宗馈赠和大笔遗赠翘首以盼，他们的算盘是以此推动博物馆的扩张或改建；有的馆长可能会无动于衷，导致馆内的藏品满到快要爆炸的程度。谈到"利用政治杠杆以实现扩容"这一点，大英博物馆的理事堪称全世界博物馆的先驱。全球政治、欧洲冲突和帝国雄心都是他们的驱动之力。

至此，大英博物馆的职责所系已经大白于世了：扩容乃是这家博物馆知晓的唯一法则。理事和馆长心知肚明，普通访客也心知其意。时至1832年，哪怕是英国财政部必定也对这条普世法则一清二楚了。理事在那一年起草了一封重要信件，催促财政部重新考虑其在博物馆扩容过程中的意见（见附录5）。就在蒙太古府后面的建筑工程依照斯莫克的设计继续进行之时，理事面临的问题是"保证现金流"和"左右政治高层"。财政部深知博物馆的野心，但又不想在西楼完工之前向议会申请资金修建北楼。博物馆便换了一套说辞：

理事深感，在博物馆内继续建设新楼的法子既能大大提升文人学士的便捷和兴趣，也可大大利于珍本文献的安全。这正是理事的职责所系，他们认为自己有责任唤起阁下们的注意力：有些更为重大的事态让理事们相信，争取北楼开工的优先级已经高过了西楼的最终竣工。

注意这里的关键词"文学"（literary）。古典学教育出身的理事在这里颇为巧妙地强调了博物馆诸藏品中的一大类型，因为他们深知，财政部那些古典学教育出道的官员对此势将感同身受。陈说一只受伤的蝴蝶标本或是一条北极狗标本的困境，这在19世纪30年代的效果可没法与21世纪初一样。理事陈述方案时坚称，博物馆正处于变动之中，空间必会增长，就算接近完工的东西两楼暂且够用，现在仍有必要以一座新的北楼存放过剩多余的藏品。主要问题乃是书籍数量和读者压力：

读者人数增加，接待空间匮乏。阁下可以轻易从以下事实中得出结论：现在出于研究目的造访大英博物馆图书馆的人数每年

下页图
《国王图书馆》，1875年。弗里德里克·约克拍摄。

都在4万以上，学生人数的上升尤其迅速——1830年3月的某周，有564名学生到访；1831年4月的某周，这个数字则是650；当年12月的某周里，至少839名学生到访。

理事心急火燎地请愿财政部，这是19世纪以来出版物激增、识字率上升、人们对大千世界兴致勃发等多重因素的产物。印本抄本的需求加快了大英博物馆空间扩容的进度，其他各部门也在1834年西楼竣工之后应声搬进了这栋新楼。西楼楼上存放着部分自然志藏品，旁边则是伊特鲁里亚的花瓶、佩恩·奈特的青铜器，以及更小更轻的藏品，比如埃及木乃伊和随葬品。第一层放着大块笨重的埃及雕塑，其中最重要的是阿孟和蒂三世那庞大的头颅和手臂，他统治时期的一对红色花岗岩狮子，以及罗塞塔石碑。紧挨着的则是帕特农石雕、巴赛的大理石，以及更晚近的希腊罗马古物杂烩。然而，这些体态庞大而又范围广阔的展品也制造了混乱。数千名访客借由大英博物馆这一入口开启了他们通往奇异新世界的美妙旅程，不过对那些更爱沉思静观的访客而言，如此杂乱无章的布置明显让人如鲠在喉。1838年有作者在《泰晤士报》上写道：

如果这些希腊人物雕像以恰到好处的三角墙布置，而不是以现在这种窄小的木质框架呈现出一派逼仄之感的话，那的确将是检视这些流光溢彩的（希腊）雕塑的绝佳机会。不幸得很，这些雕塑还放到了博物馆大埃及展室的入口处，几乎是直接被花岗岩狮子罩住了观看的视线。建筑物内的这块区域在高度和空间上本来都适合进行这一展览的，但是现在它们却挤作一团，一堆彩绘玩意儿构成了一个拙劣的钝角。它们堪称馆方木匠的"杰作"，也是所有具备共同品位和判断力的人们的笑柄！[8]

取悦所有人当然是不可能的。大英博物馆新增展区的原初展览还促成了博物馆的推广，也为公众的鉴赏打开了方便之门。

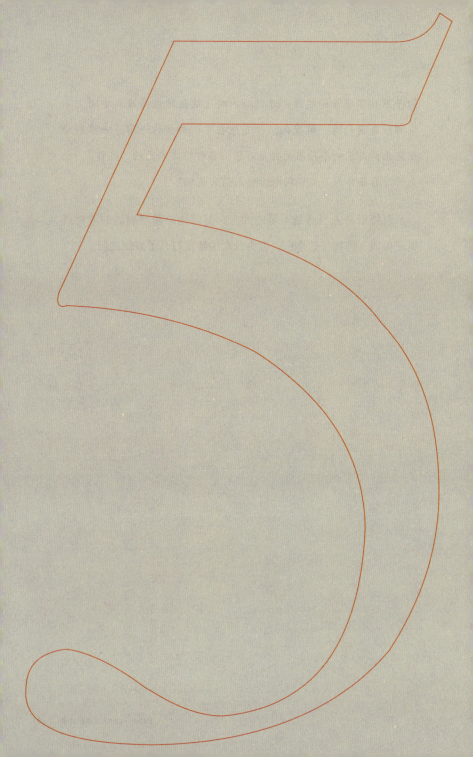

* * * * * *

19 世纪中叶

"费用势将浩繁，但也正是这个国家方能负担"

依照斯莫克的大英博物馆建筑规划，拆除蒙太古府乃是必要手段。运货马车在1842年进进出出，不仅运出碎石瓦砾，也带走了化为碎屑的"战车阿波罗"湿壁画，以及出自查理·德拉弗斯之手、画在前厅天花板上的其他古典神祇造像。这么一来，旧博物馆作为"华贵阁间"的全部痕迹就都消失无存了，17世纪法国艺术家俊逸流畅的想象藻饰也换成了斯莫克厚重合适的方格天花板。大英博物馆立馆之道的根本重塑，正是借由10年之后竣工的建筑表而出之：彼时博物馆朝向大罗素街的立面镶上了铸铁栅栏，人们可以借此凭栏向内眺望。这些栏杆取代了密不透风、足足12英尺（约3.6米）之高的花岗岩围墙，这片围墙自17世纪以来就将蒙太古府掩映在大罗素街之后。至此，大英博物馆本身已成为一件公开免费展览、包装入柜的藏品。

但哪怕是在1846年完工之前，斯莫克的建筑物都太小了，根本不敷使用。包括埃及、亚述和利西亚（今天南土耳其的一部分）诸遥远文明瑰宝在内的藏品陆续入藏，大英博物馆也以人们从未预料到，或是并未完全准备好的速度扩容，哪怕以普兰塔和诸位理事在19世纪30年代的先见之明也始料未及。不少新展品都体量庞大、笨重不已。考古学家以他们超迈绝伦的体力、脑力和情感能量，持续为雕塑史注入新的洞见，赋予诸文明以新的诠释。他们远溯公元前5世纪的希腊，直追新发现的公元前三千年至前两千年的片片沃土。英国陆军再也不是那支靠着征服埃及为博物馆输送文物的主力军了，现在担纲这一任务的乃是一支由外交官和业余考古学家组成的小型生力军。其中19世纪一二十年代在埃及投入工作的由亨利·萨尔特（1780—1827）和吉奥瓦尼·贝尔佐尼（1778—1823）带头，19世纪40年代在亚述奋战的则是由亨利·拉亚尔德（1817—1894）和霍尔木兹德·拉萨姆（1826—1910）带头，19世纪50年代在哈利卡纳索斯（位于今天土耳其西南的博德鲁姆）则是由查尔斯·牛顿（1816—1894）负责。他们的大发现之所以可能，乃是凭借体力、生存能力、勇气和外交长才的各显神通。古代近东多姿多彩的文明底色至此显影着光，其豪奢富丽也持续冲击着欧洲人的思维世界。

他们都是才华非凡之人：萨尔特既是外交官也是修理工；贝尔佐尼之前则在帕多瓦做过马戏团大力士；拉亚尔德则是被考古和政治耽误的艺术家；出生在摩苏尔的拉萨姆则是一名后来成为外交官的考古学家；牛顿乃是博物馆里的受薪馆员。远徼之行的需求，将已灭绝文明遗存之物起于地下的兴奋，以及探寻上述古代文化，为蒸蒸日上的大英帝国寻找种种意义和目的的知性悸动，凡此种种都诱使他们投身于冒险事业。爱德华·吉本的《罗马帝国衰亡史》（1776—1789）一书则以编年形式记述了西罗马文明的倾覆；雪莱诗中"一名来自古老国度的旅者"在沙漠中觅得"两条没有躯干的庞大石腿"[1]，昭示着可能出土的文物；其他考古学家，尤其是萨尔特、贝尔佐尼、拉亚尔德、拉萨姆和牛顿亲往丘

下页图
拆毁重建期间的蒙太古府门口，1846年，约翰·维克汉姆·阿切尔绘。
背景处可见，斯莫克的新建筑物正在拔地而起。

墟，寻得文物并携回英国。我们很容易忘记博物馆的历任馆长，他们距离"栖身于落满灰尘、挤得满满当当的地下室"和"高踞于诸象牙塔之上"的神话都很远。事实上他们身在前线，那是史上诸文明与我们自身文明相遇的地方。

贝尔佐尼记述了1817年他沿尼罗河泛舟而下，将阿孟和蒂三世的巨大头像从底比斯卸下，运往亚历山大里亚的这段经历。记者布兰查德·杰罗尔德则在《如何四次逛完大英博物馆》(*How to See the British Museum in Four Visits*, 1852)一书里，以妙趣横生的笔触重述了这个故事。这本小书堪称博物馆对其职责的崭新诠释：确保访客逛得开心，学到趣闻。杰罗尔德的著作也反映了人们对"间接快感"的普遍热衷。19世纪稍晚时候，莱特·哈葛德和柯南·道尔的故事将进一步满足人们的胃口。哈葛德笔下的阿兰·库特曼和柯南·道尔塑造的查林杰教授都渴求考古学带来的兴奋之感，这正是萨尔特、贝尔佐尼、拉亚尔德、拉萨姆和牛顿在现实中的勇猛坚毅和精神之力：

> 要想动手将一块如此体量和重量的花岗岩运上船去并非易事：如果石头偏向一边的话，就会立刻翻船；更重要的是，全过程都没有借助任何哪怕是最为微小的机械设备，甚至一辆滑轮车都没有。他们只用了四根支杆和四根绳索，而这尊头像要下到距离河岸有18英尺的水面上。[2]

＊ ＊ ＊

1833年的大英博物馆遭遇了"裙带关系"和"精英主义"的多项指控，身兼旅行家和辩士的政治家威廉·柯贝特议员（1763—1835）是始作俑者。英国政府顺势成立了一个特别委员会调查。争论的焦点是，柯贝特反对议会票决用于维护大英博物馆的16000英镑预算案。有议员认为，所有"衣着体面"的人都应获允进入博物馆。这番言论激怒了柯贝特。他评论说：

> 那些衣着不整的人却被要求出钱维护博物馆。乡间陋拙之人和市井筑路贫工都必须出钱支持这里；如果他们不能因此得利的话，他们就不应当被迫为之付费。

柯贝特接着指责说，博物馆的开放时间不大公允：

> 博物馆的开放时间正好处在劳工和匠人最不方便的时间段……从早晨10点到午后4点；这个时段的人们正好忙于生计，他们的工作强度也是最大。不管怎样博物馆都应在夏天开放，从早上6点到晚上10点……现在的博物馆每年都要闭馆两个月，这还不算其他节假日。这又是哪两个月？9月和10月。这可是段长假；这段时间里，所有律师、牧师和领主闲汉都跑到乡间享受射击之乐了。不巧得很，那段时间的博物馆却关门大吉；然而人们却被告知，博物馆的宗旨乃是让人们都能从中受益。[3]

时任印本部馆员助手的安东尼·潘尼兹（1797—1879）慷慨陈词，为博物馆和馆务辩护。潘尼兹表示，他与柯贝特事实上颇有共通之处：

> 我想让一名穷学生也同样拥有沉溺于求知热忱的手段，一逞理性追求之心，求咨于相同的权威，与联合王国最富有的人一样探寻最为错综复杂的难题，读书范围无远弗届。因此我力主，政府在这一方面一定要给予他最为慷慨而又无边无际的协助。

潘尼兹的想法也与已故的前理事汉弗莱·戴维爵士不谋而合。戴维本人曾是康奈尔郡西部的一名穷学生，这里远离英国的文化中心。就在去世之前不久，戴维还曾撰文讨论，博物馆何以能是文明对抗野蛮的堡垒。在1830年出版的遗作《旅行的慰藉》（*Consolations in Travel*）中，戴维写道：

> 我目睹一群又一群的人远涉重洋，建立殖民地，建造城市。他们每到一处新成立的殖民地，都会带上他们独具特色的艺术品。城镇拔地而起，神庙纷纷建立，学校点缀其间，图书馆藏满了莎草书卷……我一看再看，见证了罗马世界里这么一块光耀夺目的版图，竟而通盘骤变；征服者和英雄的人群再也不那么清晰可辨；城市充斥着一堆游手好闲而又奢华无度的人……我亲见四处皆是残暴之徒逞凶肆虐，袭击这个强而有力的帝国，洗劫城市、摧毁艺术和文学的纪念碑座。他们就像一群野兽吞食一只神兽，将其

撕成碎片的同时也摧毁着罗马帝国。[4]

潘尼兹的使命乃是创设一个不但可以保护和阐扬文明，也能弘扬文明价值观的机构。博物馆手稿部前任馆员、牧师约西亚·福歇尔此时已经晋升为博物馆秘书，他的观点甚至要更进一步。福歇尔呼吁建立一个专长和兴趣互有平衡的理事会。他告诉理事会："就我本人经验而言，最好的大英博物馆理事会乃是一群一同至诚至坚推动文学、艺术和科学的人，他们并没有对这三大门类之中任何一类的偏私专爱。"

特别委员会的报告于1836年出炉。这份报告里的诸项建议都将助力大英博物馆沿着专业化和现代化的路途走得更远，当然也包括了柯贝特倡议的更长开放时间：

1. 改组博物馆机构，使其更好地适应当下状况，为未来愿景奠定基础；

2. 减少理事人数，寻觅那些文学、科学和艺术上的杰出人士做理事；

3. 创设更多的部门，每个部门都配备专职馆员；

4. 将秘书之职与馆员之职分开；

5. 创设更为透明的工资标准，馆员不再被允许在他处兼职；

6. 更长的开放时间；

7. 出版更为清楚明了的"概要"，由馆员结合自身经验撰写；

8. 完成藏品名录的出版工作，淡化从中牟利的色彩；

9. 所有藏品都应造册登记；

10. 建造一间工作室，用来浇铸藏品的石膏像；

11. 所有上述事项，都应由议会拨款。

简言之，这份报告敦促大英博物馆将馆务工作提升为一项职业；付给馆员更高的报酬；厘清各项门类之间的分野，以便更清楚地展现它们之间的联结；增加公众开放度；收集并分享知识；鼓励馆员们彼此交流。最后的愿景则是，大英博物馆收取充足的公共资金，以便为这些公共利益埋单。

这份报告发表之后的一大直接产物，便是一个独立的版画素描部，年轻的新任馆员亨利·约西（1802—1845）受命掌管该部。约西后来把原本存放在汤利展厅图书阅览室的相关展品抽取出来，转存于新成立的版画素描部。另一项直接产物则是塞缪尔·伯奇（1813—1885）到任古物部，此人继续专攻东方藏品。爱德华·霍金斯（1780—1867）获任古物部馆员，他的尽职尽责让人们对英国本土古物的理解得以增进，1851年其助手奥古斯都·沃拉斯通·弗兰克斯的到任也就顺理成章，后者的履职将给大英博物馆带来深远影响。不过，1836年报告的后续状况却与"鼓励馆员彼此交流"的旨趣相去甚远，各部门更倾向于各自为政。最为深入的机构改革，要数博物馆为藏品引入了独特的"日历注册法"，这开启了馆藏扩容的正规化进程。比如说，一件标着"1837，4—24·3"的藏品意即：入藏时间（1837年）；向理事登记造册月份（4月）；当月的日期（4月24日）；还有该藏品在某组内的编号（3）。*

19世纪中叶，博物馆经历了一次重大跃迁，这无论对当时还是未来的公众而言都善莫大焉。查尔斯·牛顿于1849年在牛津艺术学会发言，强调了观看和深度接触博物馆藏品对他的深远作用。牛顿以他本人欣赏"埃尔金大理石"为例，现身说法：

> 就让菲迪亚斯的雕塑成为你的亲密朋友吧。共学之，适道之，熟悉每一个褶皱的合拢处，结交肌肉曲线的每一处腾涌，像山民了解山峰的轮廓一样知晓雕像躯干的英逸线条，学习识别建筑腰线那团杂乱无章中的每一匹马，就像一位牧羊人熟知他的羊群一样。

此时的大英博物馆完全懂得自己的重责大任，也尽职尽责于增进人类的理解能力：订购、归类、展览、研究藏品；借助科技保存藏品；为观众提供便利，扩大公众参与。简言之，大英博物馆为访客带来了寓教于乐的双重体验。19世纪中叶，博物馆官方和出版商们出版的藏品导览堪称优秀之范例，详细备至的知识性内容放到今天就是一本流行刊物。一个随手可得的例子是1832年面世的单卷《埃及文物》，这卷内容登载在两卷系列的八开本†大英博物馆古物期刊上，出版方是有用知识传播协会。数十名学者都对这一系列有所贡献，有些人是博物馆馆员，有些则来自馆

---

* 这套注册系统的标号方式依据各部门之状况有所变化，但大体上仍在投入使用，直至2007年方止。那一年博物馆为各部门推出了一套新的在线协调系统"藏品在线"。

† 换言之，略小于现代标准平装本。

安东尼·潘尼兹，拍摄日期不明。潘尼兹是因意大利内战而流落英格兰的逃难移民，他让大英博物馆的财富大为改观，并指引了博物馆的未来方向。

外的大学和学院，负责编辑工作的是古典学者乔治·朗（1800—1879）。埃及卷的内容取精用宏，多达400页的文本穿插着木版绘画和地图。一份公开声明阐述了该系列的勃勃雄心：

> 藏品无论古代还是现代都必须从最好的权威专家那里收集信息，这些信息势将引发读者了解"博物馆有什么"的兴趣；还要向大众读者提供更为准确的信息，要比他能在最流行的埃及主题图书那里找到的信息更准确……（此外）还要向古典学学生输入额外动力，驱策他们对那些古代著作进行更为主动勤奋的学习。要知道，很不幸的是，他们的学习通常都是不情不愿的强制劳动。

正如这些书卷所示，大英博物馆在19世纪30年代就已成为所有人从好奇心出发，通往知识殿堂路上的同行益友——甚至是引路人了。

* * *

斯莫克设计的博物馆门廊大厅背后，有一扇不大不小的后门与主前门恰好对齐。这扇门少有使用，公众肯定从未踏足。打开这扇门移步向前，一个巨大的内部庭院迎面而来，左右两翼分别是博物馆的西东延伸：右边是国王图书馆，左边则是斯莫克取代汤利展厅（于1841年拆除）的新建筑，以及临时性的埃尔金展厅。园丁们曾尝试搞一批草种植，甚至尝试着种了一些别的植物。不过，环绕空地四周的高耸建筑、夏天投下的深深影子、冬天浓重的阴郁晦暝，凡此种种都在排斥一切喜悦快乐的情绪表达。恰恰相反，这里成了一处囚徒体验的对应场地：穿行其中的是神色匆匆的馆员，只不过包裹这块监狱的不再是一面面铁窗，而是换成了柱廊和三角墙。不过，这块黯淡阴郁的矩形空间也在安东尼·潘尼兹革命开创、大刀阔斧的划时代馆务管理之下，为大英博物馆通向未来提供了关键要素。

潘尼兹出生在意大利北部的布雷切洛，本名是安东尼奥·吉纳西奥·玛丽亚，早年做过街头混混儿，也曾经与加里波第在意大利并肩作战。在自己的祖国经历多次政治困顿和挫折之后，潘尼兹以百战磨炼的难民之姿，于1823年抵达伦敦。他在意大利已经成了"不受欢迎之人"，那一年还被缺席审判定了死罪，罪名是一系列革命活动。1828年，凭着天资禀赋和人情练达，潘尼兹成为新成立的伦敦大学学院首名意大利语教授；1831年，获聘大英博物馆印本部助理馆员；1837年，成为该部馆员，他那好勇斗狠的革命天性在这里得到了充分施展；1856年，他升任博物馆首席馆员。

靠着无穷无尽的精力、对事实细节的牢牢把控和强有力的内部权术，潘尼兹赢得了1836年特别委员会的一席之地，他也得以在1838年运用权力，将阅览室挪到了新建成的北楼东隅。1842年，英国议会通过《版权法》(Copyright Act)，强制出版商每出一本新书，就要向大英博物馆送交一部副本。身为博物馆帝国建造者，潘尼兹足以意识到馆藏扩容的潜能：不但出自这纸法案，也来自其他源头的大量书本涌入，后者就包括了托马斯·格伦维尔1847年遗赠的

20000卷藏书以及潘尼兹成功地争取到了足够的议会补助金，填补了图书馆里的可见空白的那部分藏书。"费用势将浩繁，"潘尼兹向财政部坦承，"但也正是这个国家方能负担。"虽然潘尼兹早在1832年就已归化为英国人，但一名外国血统官员的甜言蜜语和谄谀之意加在一起还是威力巨大、难以抗拒，潘尼兹拿到了钱。

罗伯特·斯莫克的弟弟西德尼·斯莫克（1798—1877）在1846年接掌了哥哥的大英博物馆建筑师之职，使得工程进度变得更快了。就在人们认为建筑工程、建筑噪声和扩容行动告一段落的时候，一切又重新启动了。重启可不只是某边某角，而是在建筑的矩形心脏进行：博物馆的中央庭院即将建起一座焕然一新的阅览室。从1854年破土动工到1857年揭幕落成，阅览室前前后后建了三年。这座"圆顶阅览室"依托一座浇铸完成的铁架构件而建，赋予博物馆中空地带以全新用途，也标志着印本部在博物馆内部的支配地位。

圆顶阅览室钢砖结构的建筑工作，在紧闭的门内清楚可见。《泰晤士报》写道："从公众的视角来看……参观这座富丽堂皇建筑的时候会不禁觉得，它就是出自魔术师的一根手杖。除了少数热心的访客之外，无人知晓圆顶阅览室的存在，也无人一睹芳容。"这种说法无疑有些天马行空；实际上，建筑材料和工人都从大罗素街之外的一条特殊通道进入博物馆，再从西南角落进入中央空地。《泰晤士报》全盘接受了最好的统计数据：根据他们的报道，1759年7月还只有5名读者使用阅览室，而到了1856年这个数字已经达到了每月5000人，那年图书馆新入了10434卷书籍。《泰晤士报》还刊登了一篇新奇的评论，指出圆顶阅览室和周边四方院子之间留有27~50英尺（约8~15米）的空隙。留出的这段空隙"可在博物馆外部空间起火之时充作可能的防护，守卫阅览室免于可能的火劫"。这么一来，就算博物馆自身付之一炬，至少阅览室及其25英里（约40千米）长的书架也能幸免于难。

圆顶阅览室内服务读者的设备堪称无微不至，其中就有每张书桌下方的热水水管（为冬季的足部保暖而设），还有足够300名读者读书的空间：每名读者都有一方高至4英尺3英寸（约1.3米）、宽可容纳墨水台和笔架的桌子。毫不奇怪的是，卡尔·马克思、阿蒂尔·兰波、阿瑟·柯南·道尔、乔治·奥威尔和弗吉尼亚·伍尔夫都对阅览室一往情深：这是全球图书馆里的"至善至美"（beau ide'al）之作，也是其他任何一个国家都应看齐的图书馆。卡尔·马克思于1850年拿到了他的第一张读者卡，此后的三十年里他几乎每天都泡在阅览室，每年都更新这张读者卡。作家威廉·梅克比斯·萨克雷（1811—1863）也曾沉思阅览室的魔力，"布鲁姆斯伯里那包罗万象的穹顶之下，储藏着我们浩如烟海的数百万卷书籍"。萨克雷也发自肺腑地表达了对阅览室的感激之情："我得诚挚表达我在这里伏案所得的恩典，感谢上苍让我拥有生为英国人的天赋权利：无拘无束地分享如山如海的书籍，将我在那里发现的真理表述出来。"[5]

正在修筑的圆顶阅览室西侧，1855年。威廉·莱克·普莱斯摄。

书籍及其读者对空间的渴求不言自明。阅览室的选址是博物馆里的萧索庭院，这可以作为填充建造的一个早期案例：这一代馆员的建筑，需要建立在上一代馆员的基础之上。就大英博物馆而言，两个世代之间仅有10年的代差而已。满足印本书籍需求的压力巨大，本身也恶化了馆员之间的人际关系。这并不是什么新鲜事。18世纪50年代末，第一任首席馆员戈文·奈特就曾在他办公室的前方筑起了一道墙，将他的职员隔离在视线之外，他那一

代馆员之间的紧张关系也愈演愈烈。时至19世纪三四十年代，手稿部馆员弗里德里克·马登也让后来的两任首席馆员（亨利·埃利斯和安东尼·潘尼兹）嫌恶不已。不但如此，用大卫·威尔逊（1977—1991年间的馆长）的话说，马登也与古物部馆员爱德华·霍金斯、地质部馆员约翰·爱德华·格雷之间形成了"女巫汤剂"酿就的"混战格局"，这种格局"在博物馆史上可能是见所未见——也许从那之后也从未得见"。[6]

若隐若现的阅览室乃是这么一种存在：它开始渐渐地偏转博物馆的宗旨。潘尼兹的宏大计划（将全世界的物质文化、动物、矿物、蔬菜和印本书籍纳入同一个屋顶之下）注定会招致一系列即便是"大潘神"也无法阻止的后续效应，这一点潘尼兹本人也心知肚明。圆顶阅览室正是他试图将大英博物馆限于一地的努力。印本书籍还在呈指数级增长，任何进一步的大型扩建显然都是泡影，危机在1860年迫在眉睫。随着亨利·克里斯蒂[*]10000份之多的民族志藏品和史前文物亟待入藏，以及重要印度雕塑藏品的到来，重复一遍莫当特·克鲁克的比喻就是，"这头大海龟迟早得再度撑开自己的龟壳"。下一批迁出的乃是自然志藏品，这次迁离在1860年提出，1873年得到确认。正是在那一年，阿尔弗雷德·沃特豪斯在南肯辛顿设计的自然志博物馆开始动工。最终在1881年和1883年之间，

---

[*] 亨利·克里斯蒂（1810—1865）是个商人，频繁来往于欧洲大陆、美洲和北非，积攒了大约2万件史前文物和民族志藏品，这些藏品在他1865年去世之后捐给了大英博物馆。

自然志藏品完全迁出。自然志博物馆本身也开启了"阿尔伯特城"*里一系列"新行星带博物馆"的兴建，这块土地也正是凭借1851年"帝国工业博览会"上赚取的高额利润买下来的。大英博物馆的另一个直系后代，即地质学博物馆，也将在适当时候在那里拔地而起，邻接的乃是科学博物馆、南肯辛顿博物馆（后来冠以维多利亚和阿尔伯特博物馆之名）。不过这些都是后话了。

不无讽刺的是，造成博物馆无节制扩张的首要因素，也就是印本和手稿部，反倒成了最后一个搬离博物馆的机构。即便如此，它们一开始也只是名义上抽离了：1973年人们重新组建了"大英图书馆"，依旧位居布鲁姆斯伯里的柱廊之下。直到科林·圣·约翰·威尔逊设计的新楼（临近圣潘克拉斯站）于1998年落成，大英图书馆才完全迁出。随着大英图书馆迁出的还有西方手稿部、邮票部、地图和音乐藏书部，以及印度官方档案部。图书馆的分离始自一股强劲的国际力量，至早于200年前就已不可避免了。正是这股相同的力量驱动了19世纪本身——印刷术、阅读、学习、娱乐和探索世界的勃兴，它们本身就是工业革命和启蒙运动爆炸性压力之下的产物。"只做连接"，E. M. 福斯特在《霍华德庄园》（*Howards End*，1910）中写道；这是个好主意，但是有些连接必须断开。

---

* 据说这个名字反映了其来历。正是在阿尔伯特亲王的建议之下，人们在南肯辛顿买下这块土地，以供新的教育和文化机构之用。

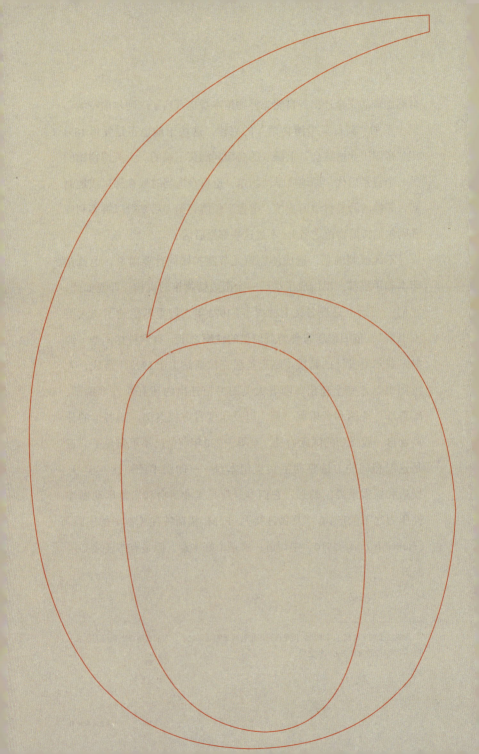

从维多利亚时代到 20 世纪

"我想象不出比这更愉悦的一份工作"

1857年圆顶阅览室的开放似乎告诉世人，大英博物馆的扩容告一段落。1857年5月堪称是英国维多利亚时代的文化高光时刻。在当月的数周里，曼彻斯特艺术珍品博览会在老特拉福德开幕，这件大事也改变了公众接触艺术的方式。整整六年之前的1851年，万国工业博览会（首届世博会）在伦敦海德公园揭幕。也正是在那一年，大英博物馆登记的访客人数达到了2527216人。回到1857年，人们对圆顶阅览室不吝夸赞之情，公众反响也同样热烈。阅览室在限制读者资格之前，设立了为期一周的公众自由开放时间。据1857年5月的《泰晤士报》，单单这一周时间里，仅仅是为了看一眼新建筑长什么样的好奇访客就达到了162489人之多。

不过，博物馆内更像是一个藏品之家，而非书籍之家。弗里德里克·马登听任个人敌意阻碍了自己的理性思考。对潘尼兹的成功，马登回应说，阅览室"完完全全悖离了它的宗旨，这也是一名外国人奢靡逾矩的绝好例证"。展品仍在源源不断地涌入博物馆：1852年由查尔斯·牛顿发掘的摩索拉斯王陵的雕塑和壁画，只得临时存放于柱廊下方的木棚里。正如《标准》（*The Standard*）1860年的说法：

如果《拥挤公寓法案》也适用于无生命物体的话，那么大英博物馆的诸位理事先生可就得等着警察来关照了：博物馆持续招来新的房客，然而它只能给房客提供门阶，或是临时棚子下面的便床这样的住所。

大英博物馆的圆顶阅览室。

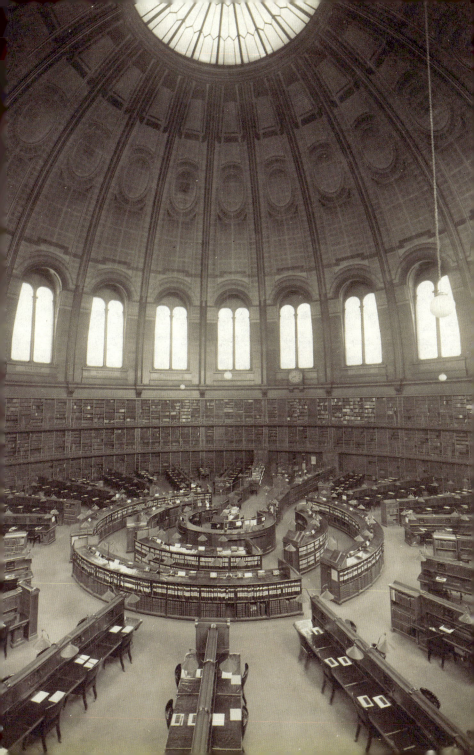

如山如海的人们涌进来欣赏如山如海的藏品，规模大到了连他们带来的灰尘本身都能造成损坏的地步。1857年，科学家迈克尔·法拉第（1791—1867）曾就这一事态接受理事的咨询，理事请他就保养帕特农石雕一事指点良策。这些雕塑招来了不少表尘，在清洁测试中，法拉第试用了稀硝酸、"既含碳又具腐蚀性"的碱、水，并用海绵、手指、软木和刷子研磨。法拉第表示悲观：

　　但愿我能写下稍孚人望的话……这批大理石总体而言都非常脏……它们的表层粗糙不平，就像遭受腐蚀了一样……不少雕像已成"死面"；还有不少雕像或多或少演化成了某种程度的"蜂窝结构"；又或者，有的雕像表面出现了裂纹，正好给灰尘提供了方便……这次检查让我绝望，我深感，在大英博物馆内呈现它们原本拥有的洁白纯净之状，这种可能已是微乎其微。又或者……让它们像今天在希腊和意大利见到的那些大理石雕像一样，这种可能也小得可怜。[1]

　　博物馆读到这些的时候可能不会好受。不过法拉第也讲了他发现的真相：雕像日渐毁坏，成因是"时常往来门廊的汹涌人潮"带来的灰尘，还有伦敦受污染的空气。博物馆对伦敦受污染的空气无能为力，但法拉第的建议还是起到了效果：理事会经过充分讨论，决定使用富勒士清洁粉（Fuller's earth）*给雕像做表面清洁。[2]

新一批藏品在19世纪50年代疯狂地涌入博物馆。对博物馆新的入藏模式而言，一位馆长尤其特殊，举足轻重，他就是奥古斯都·沃拉斯通·弗兰克斯（1826—1897）。用大卫·威尔逊的话说，"就许多方面来讲，他都是博物馆的第二名创始人"。弗兰克斯有着敏锐的鉴赏力，渊博的英国考古学养和丰厚的个人财富。他有效整合了这些资产，在从助理升为馆员的任职期间，将英国和中世纪古文物部的藏品扩展到了惊人的规模。用他自己的话说，"154英尺长的墙柜，三四件桌柜……（增长到了）2250英尺之长的墙柜，90尊桌柜，还有31尊立柜"。大英博物馆买不起14世纪法兰西瓦鲁瓦王朝的皇家金杯这样的贵重藏品，他就慷慨解囊借给博物馆5000英镑。弗兰克斯也是博物馆的英国和欧陆考古珍品得以增长的幕后推手。他公开为博物馆背书取得藏品，也通过代理打造自己的私人收藏，再在合适时机赠予博物馆。这批文物包括7000件左右的中古藏品，其中就有饮誉于世的7世纪鲸须雕刻盒——后作为"弗兰克斯盒"闻名于世。

弗兰克斯在博物馆事务上忙个不停：年复一年他都在引进新的奇美藏品，有一些通过直接购买，另外的则是藏家的馈赠以及他所争取的遗赠。1865年博物馆成功取得克里斯蒂藏品，幕后英雄正是弗兰克斯。就随便举个连续三年的成功事例好了：1855年，

---

* 一种吸收性强的良性清洁物质，常用于清洗大理石。成分包括含水硅酸铝。

佳士得举办了为期32天的政治家拉尔夫·伯纳尔藏品拍卖会，弗兰克斯在会上买下了9世纪的洛泰尔水晶，也是靠着这件藏品，弗兰克斯重塑了大英博物馆的意大利锡釉陶器和玻璃文物收藏格局；1856年，弗兰克斯出手拿下了查尔斯·罗奇·史密斯收藏的5000件英国考古材料；1857年，弗兰克斯又以40英镑买下了"巴特西盾"，这尊青铜瓷釉盾牌出土于泰晤士河，产自公元前2世纪或公元前1世纪。凭着他的持之以恒、明达果决和灵活手腕，弗兰克斯拿下了这批既不属于古埃及和古希腊，也不归属罗马帝国时期的藏品。他将收藏策略重新聚焦于文艺复兴时期和北欧地带，也借此改变了大英博物馆的藏品生态。不过这还不算完：弗兰克斯仍然拥有足够的精力、手腕和运气，开启大英博物馆吸纳中国、日本、美洲、印度和伊斯兰世界文物的进程。经由上述种种开创之举，他也成功地奠立了大英博物馆的今日图景。斯隆及其后继捐赠者为"努力满足好奇求知之欲"而捐赠的藏品，普兰塔主持收藏的影响深远的古典文物和埃及古董，弗兰克斯正是在他们的基础之上，以毕生之力创设了足以让布鲁姆斯伯里成为世界博物馆之家的藏品规模。

　　这一批藏品包括：菲利克斯·斯雷德于1868年遗赠的1000件古代玻璃文物；荷亚·哈卡纳奈——一尊复活节岛石像，由皇家海军"托巴兹"号（HMS *Topaze*）船员带回英国，并于1869年

皇家金杯，约1360—1370年间。该杯以纯
金制成，饰有釉瓷彩漆，描绘了圣阿格尼
丝的生活场景。

成为维多利亚女王赠予大英博物馆的厚礼；从艾菲索斯、昔兰尼加和罗得岛发掘的古物；还有1872年，博物馆从卡斯特拉尼那里买下的2000多件黄金与青铜古董藏品。人们对博物馆内所藏文物进行了深入研究，获致了一些颇不寻常的发现。1872年，馆员乔治·史密斯（1840—1876）破译了亚述泥板上刻写的楔形文字，这些泥板正是他和拉萨姆在尼尼微遗址的亚述巴尼拔图书馆找到的。史密斯发现，其中一块残片记述了一场堪比《圣经·创世纪》里那场诺亚洪水的大洪水。正是靠着史密斯在楔形文字上的发现，今天所知的最早长篇叙事作品、公元前三千年的《吉尔伽美什史诗》才得以逐渐展其真容。

* * *

成千上万的访客在大众文学和传媒的激励之下来到博物馆参观。为了应对商业压力，博物馆的第一家餐厅于1865年开业，位置在一间地下室。不过公众也对这家餐厅日甚一日的弊病怨声载道：供应的土豆分量从两个减到一个，嗜酒如命的饮者也让那些滴酒不沾的顾客惊愕不已。[3]餐厅只开了5年就匆匆收摊。1887年，埃及分馆那边一家全新且面积更大的餐厅取代了它。

电灯于1879年和1890年进入博物馆，主事的是法国和德国公司（通用电力公司，西门子和哈尔斯克）。它们分别在圆顶阅览

上页图
一面旧巴比伦泥板，约公元前1740年。翻译过来就是：纳尼
向埃亚-纳西尔抱怨说，一场海上航行之后，运送的铜矿品相
却是错的，这趟运输还得继续延期。

室、西面展厅和入口大厅进行了亮灯实验。到1890年为止，整个博物馆都已经用上了英式天鹅头电灯。第一次电灯齐亮则选在一场庆祝晚宴上，共有3000人躬逢其盛。

当然了，在阅览室完全占据中央庭院之后，有些东西只能舍弃。首先，就在自然志藏品于1880年开始迁往南肯辛顿的时候，博物馆内的空间就开始一点一滴而又不可逆地释放出来。1861年，迁出的主意才刚刚付诸争论，《笨拙》杂志对此这样评论道：

> 自然母亲啊，你遇挫而退也
>
> 出局，母亲，退出大罗素街。
>
> 这里，在未来，人们但能浏览
>
> 那些留下的人造之物而已。

《笨拙》所作的区分简练干脆，一目了然。将自然界标本从人造之物中区分出来，这是所有综合性博物馆在执行"藏品分拣"时的第一项重要步骤，也是生物分类学的起码要求。考虑到空间上的压力如此之大，大英博物馆花很长的时间才"分拣"完毕，可以说是极不寻常；不过，历任馆长大体上都喜欢把藏品放到一块儿。1895年，依据先前议会通过的一部法案，大英博物馆取得了毗邻馆址北界的一块5.5英亩的土地，以及地上的69栋建筑。这么一来，留待20世纪扩张的地盘就有了。正如《泰晤士报》1895年8月报道

下页图

大英博物馆内的新式电灯，《伦敦插图新闻》，1890年2月8日。

RAMESES II

的那样，这是"在布鲁姆斯伯里扩张可用空间的绝佳时机……新购置的5.5英亩土地对于日益扩容的大英博物馆而言并不嫌多，安置那些理当妥置于大英博物馆的珍宝，所需的空间似乎无穷无尽"。伦敦的公共交通也预先抱以厚望：伦敦中央铁路公司于1900年在高霍尔本开设了一个新地铁站，并命名为"大英博物馆"。*

以威廉·怀特和文森特·斯塔基·利恩为首，慷慨大度的捐赠者给大英博物馆留下了用于扩建的大笔资金，可是钱从来都不够用。19世纪80年代建于国王图书馆之东的"白翼"楼，起初用于收藏哈利卡纳索斯陵墓藏品；不过，建筑师J. J. 博内特（1859—1938）一开始拿出来的北区方案，可就有些野心过量了。按照这个计划，大英博物馆将拥有一条北向大道，差可比肩那条早在1820年便有规划，或许已经修成的南向大道。虽然建成的建筑有着爱德华七世时代的可观派头，长长的柱廊间距气势逼人，博内特的方案还是遭到了严格削减。尽管如此，1914年揭幕的爱德华七世楼还是为北图书馆留出了空间，并且建成了一座很有必要的宽大楼梯。这座楼梯高得足以容纳40英尺（约12米）之长、从夏洛特皇后群岛转舶而来、紧挨着天花板和地板的图腾柱；楼梯也将绘本素描部的新展厅和学习室连接到了一起，地图陈列室和欧亚陶瓷展品室亦然。

这些新展厅还储藏了所谓的"沃德斯登遗赠"。这批光耀夺目

---

*　该站于1933年关闭，现在已是霍尔本站的一部分。

的藏品包括250多件盘子、瓷釉，以及镶在黄杨木、武器和盔甲上的珠宝雕饰。它们原本存放在白金汉郡沃德斯登庄园的吸烟室里，1898年由费迪南·德·罗斯柴尔德遗赠给大英博物馆。捐赠者列出的一个条件是，它们必须在博物馆里单独陈列，与其他藏品分开。这条遗令也总能恰到好处地得到遵行。大英博物馆鼓励并期许这种藏品的到来。不过，有些进来的藏品也许本来不受馆员注意，就这么出乎意料地跑进来了。一个例证便是萨福克郡医生威廉·艾伦·斯特奇，此君和妻子收藏了海量的打火石：86000片，重达25吨，1918年斯特奇去世后遗赠给博物馆。藏品毫无征兆从天而降，这种可能性点亮了馆员们的早晨，带来了希望和期许兼具的一刻。不论这种时刻多么稀少，彼此相隔多远，它都将引发博物馆立馆旨趣的脉动，指示或指引立馆之道的变迁。因此，《泰晤士报》"安置那些理当妥置于大英博物馆的珍宝"这句话只讲出了故事的一部分，其所认肯的博物馆职责也只占小部分。大英博物馆可不只与"珍宝"相关，那里还有小之又小的打火石、面值最小的硬币、最不重要的版画。总而言之，它们可以统称为"人文"。珍奇宝物和庸常之物之间有一道鸿沟，每名馆员都必须应对之、表述之。

如果就争夺空间、竞逐资金、争取馆内自身领域的认同等方面而言，博物馆馆员这项职业的竞争之惨烈，堪称现代各职业之最。人们常常认定馆员热爱他们的工作；这种田园牧歌式的想象在19世纪90年代风行一时（直至今日也是如此），以至于催动了

1929年拍摄的博物馆入口大厅照片，拍摄者可能是博物馆的摄影师
唐纳德·里昂。

当时英国首相格莱斯顿。格莱斯顿不禁对着大英博物馆绘本素描部馆员西德尼·科尔文发出了如下感慨："就我个人而言，我永远不会站在给你们大英博物馆这些绅士加薪的那个阵营，因为我想象不出比这更愉悦的一份工作了。"

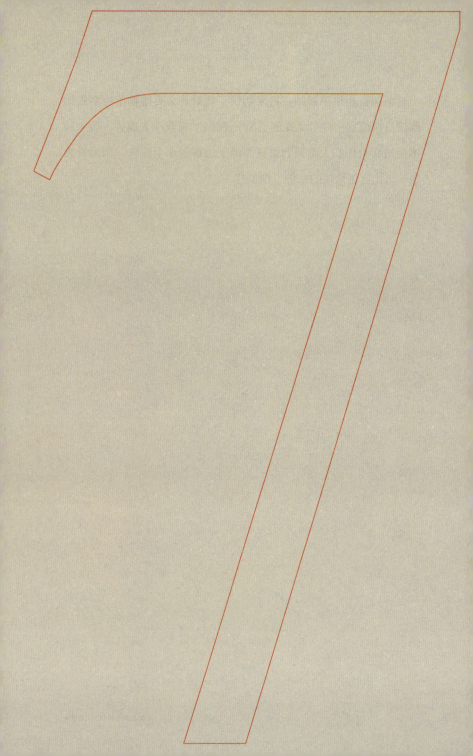

＊＊＊＊＊＊

20 世纪

"新获知识理当传播分享"

1914到1918年间的第一次世界大战，中断了大英博物馆的馆务。退休专家得到召唤，替换那些应征入伍的馆内职员。在英国和中世纪古文物部，收藏家们自发地继续着策展工作。就连馆长弗里德里克·凯尼恩（1863—1952）也缺勤赴法，虽然他很快就被召回博物馆履职。特别珍贵和便携的藏品在战争一开始就转移到了安全之地，1915年伦敦面临空袭威胁的时候，藏品迁出的比例更高。基于安全考量，版画、素描、手稿等文献珍品都转移到了位于阿伯里斯特威斯市的国立威尔士图书馆，小型藏品挪到了霍尔本地下新修

"一战"期间大英博物馆的内部留影，1918年。

的邮政铁路站里，包括帕特农石雕在内的大型笨重藏品则被放到了地下室内。至于大英博物馆建筑本身，英国空军部曾于1916年将这里拟定为战时所在地。首席理事坎特伯雷大主教和弗里德里克·凯尼恩两人联手阻止了这一提案。他们找到大卫·劳合·乔治首相，清楚明了地告知首相大人：这个极不负责的主意势必会在顷刻之间将大英博物馆变成合法合理的打击目标。

在战争岁月里，某些藏品因为地处卑湿或仓储不善而遭损坏。如果说这有什么好处的话，那就是亚历山大·斯科特博士在1920年年初成立了大英博物馆科学研究实验室。这家机构负责研发文物保养技术，提出保养规程和优先事项的相关建议。因这家实验室的开创之功，今天大英博物馆文物保养和科学研究部的根基也得以逐渐筑成。大战的结束也给了人们机会，重新思考国家博物馆和国家美术馆在英国的角色，尤其是大英博物馆在战后的世界应当扮演何种角色。1927年，国家博物馆和画廊皇家委员会发现，大英博物馆的机构重组"将（不能）带来任何有用功能"。委员会认为，博物馆应当在英国考古学的进步中发挥领衔作用。同时在大门之内，博物馆也当改进标识、标签和照明，并考虑夜间开放。委员会还提议将南肯辛顿的自然志博物馆变为独立机构，在行政管理上与大英博物馆脱钩，另外修建一家专门的新图书馆以容纳大英博物馆不停扩张的报纸和杂志藏品，选址拟在北伦敦的科林达尔。

自20世纪20年代到40年代，大型新藏品仍在涌入。1933年馆方应公众呼吁，以10万英镑的价格从苏联政府那里买下了最早的

萨顿胡的钱包盖，7世纪初。

希腊语新约圣经《西奈抄本》（Codex Sinaiticus）；博物馆还从伦纳德·伍利在美索不达米亚乌尔城的发掘物中有所发现，那里挖掘而出的珍宝得以入藏，其中就有一尊铜牛，以及金铜文物"灌木丛中的公羊"。*这段时间堪称东方考古学的丰收季，但大英博物馆也响应1927年皇家委员会的鼓励，开始从英国本土的发掘中发现更多。萨顿胡庄园随葬品的发现恰在"二战"之前，米尔登霍尔珍宝的入藏也紧随其后。这些藏品可都离不开它们的离奇来历：萨顿胡遗址临近萨福克郡的伍德布里奇，据说是一名巫师介入才找到了这儿，米尔登霍尔发掘的公元4世纪罗马银器也不遑多让。1942年，一杆耕犁掘出了这些银器，但在此后数年里农民都将它们当成家庭餐具使用，直到1946年这些银器的真实价值才得以披露，并随后入藏博物馆。还有公元1世纪的罗马宝石玻璃文物"波特兰花瓶"，从18世纪以来这尊花瓶就借存在大英博物馆，馆方也在1945年正式买下了它。这尊花瓶的所有者正是在博物馆草创期间慷慨出手赠予他们哈利藏品的同一个公爵家族（波特兰公爵）。

* * *

第二次世界大战期间，博物馆藏品的大部都疏散到了维尔特郡的埃文河畔布拉德福德、北安普敦郡的鲍顿府、斯特拉福德郡

---

* 这尊铜牛位于约公元前2600年落成的宁胡尔萨格（生育女神）庙遗址之下，发掘之时已被压碎。"灌木丛中的公羊"则是一对守护山羊中的一只，出土于乌尔城的皇家陵墓，另一只现存于宾夕法尼亚大学。

的德莱顿庄园，以及奥德维奇地铁站的深凹处。博物馆本身在1940年和1941年德国的战略轰炸中遭受了严重毁坏，疏散后的建筑活像一枚回音炮弹，挤满了警卫、沙袋和某些最为庞大笨重的藏品，这些没法移动的落单藏品只能留守原址。罗马不列颠展室和硬币展室都遭摧毁。战前完工、尚无藏品的杜维恩展厅本来是为帕特农石雕而建的，炸弹直接将其房顶掀了个底朝天。

　　"二战"后，遍及英国全境的"社会流入"（social flux）*也在大英博物馆那里有所反映：各馆藏部门的排序、再排序和重组，对博物馆教育和设计重要性的新理解，以及任命女性为馆务人员——但事实上直到20世纪60年代为止，女性工作人员都相当有限。而因为有格莱斯顿的訾议在先，职员们的薪资水平也有所增长。1759年立馆之初的三大部门历经岁月淘洗，到19世纪为止已经淹没在了新组织结构里，到20世纪初的时候事实上已是面目全非。自然志藏品早已脱钩而去，1945年的馆务部门共有八个：印本部；手稿部；埃及和亚述古物部；希腊罗马古物部；英国和中世纪古文物部；东方古物和民族志部；硬币和奖章部；绘本素描部。变革仍在持续，直到今天的部门格局（化为十个部分，当然这不是最后一次变革）出现。[1]博物馆内诸部门不但为诸多形形色色的藏品提供了合适的家园，也成为全世界收藏家和学者心之所向的灯塔。

　　托马斯·肯德里克（1895—1979；1950—1959年间在任）和

---

* 指英国战后社会阶层自下而上的流动。——译者注

弗兰克·弗兰西斯（1901—1988；1959—1968年间在任）两任馆长在位的20世纪50年代和60年代，博物馆内诸建筑经历了一段重建岁月，包括展品翻新再造的推展项目、公共利益的全面复苏，以及学术活动的增进。杜维恩展厅之内的大片空间得到修复，并于1962年和新入藏的帕特农石雕群一起重新开放。这里干净透明，环境甚至像是医院诊所一般，访客得以亲密接触大理石展品。木乃伊展厅现在熠熠生辉，装满了木乃伊箱和裹尸布，还有各式各样的随葬品，吸引着访客尤其是兴致盎然的年轻访客。他们摩肩接踵，与古埃及的死亡实例待在一起，穿插其间的则是随处可见的象形文字。不过，博物馆现代化的进展依旧缓慢得令人沮丧。大卫·威尔逊曾经回忆他1955年第一天到博物馆上班的情形，彼时的他还只是英国和中世纪古文物部一名年轻的助理馆员：

> 当时的博物馆一片黯淡，晦暝之气经久不息。百年的煤烟熏得柱廊发黑。那些开放的展厅灯光微暗，但还是有些展厅酷似轰炸现场，有的展厅仍然大门紧闭，还有的展厅干脆挪作储藏室之用……这里没有公共餐厅，没有信息咨询台；前门大厅只有一座柜台出售着寥寥可数的印刷品和黑白色的明信片……而在幕后，污垢和尘土累积，野猫之味相继。这些野猫生在这里——也死在这里——死在地板下面入土半截的中央供暖系统管道里。[2]

曾经做过印本部馆员的弗兰克·弗兰西斯于1959年接任馆长，

波特兰花瓶，约公元1到25年。这尊暗蓝色的双耳瓶饰有白色宝石玻璃，1845年被一名醉酒的访客敲碎，后来得到了修复。

他也是最后一位掌控圆顶阅览室的大英博物馆馆长。在他任期之内，将图书馆留在原址的尝试达到了最高潮。20世纪60年代初的书刊列出了一番方案：拆掉大罗素街对面的建筑群。这会造就一座大型广场，广场两翼建起圆顶阅览室进阶版本的新图书馆，同时在地理上让图书馆与博物馆依旧相邻。如此一来，圣乔治座堂（"斯隆教堂"）就将成为该地南缘引人注目的地标，伦敦也将多出一座堪比特拉法尔加广场的新聚集地。下院议员莱娜·耶格尔女士一直都是该方案的反对者，身为霍尔本和圣潘克拉斯南选区的代议员，她引领了这波反对浪潮。早在1956年，耶格尔就在议会做证说，这个方案将造成数千户家庭和商铺的关闭。[3]这场"布鲁姆斯伯里之

战"前前后后打了十年之久，战场既在议会内外，也在伦敦卡姆登区的一处处会议室，更在数不胜数的私人住宅里。大英博物馆一派的人看到，如果新图书馆不能照此方案建起来的话，那么等待博物馆的将是灾难。议会上院的安南爵士就认为，那样的话大英博物馆将"一步步走向解体"。[4]不过，结果却是保护原有环境一派占了上风：街道得以保留，博物馆不得不另想他法。

肯德里克和弗兰西斯也许是大英博物馆最后两位老派馆长，他们可以端坐于办公桌前，一边叼着烟斗一边端详燃烧的煤火。肯德里克是个亦庄亦谐、睿智温和的学者，与约翰·派普、约翰·克拉克斯顿、约翰·贝杰曼这样的艺术家和学者均是好友。1968年弗兰西斯退休之时，面对一位不苟言笑的馆长职位候选人，肯德里克轻松自若地阐述了他在馆长职位上的愉悦欣慰，语调满是讽喻之意：

这份工作堪称一件厚礼，根本没什么职责。你只需要偶尔签署已经有人为你拟好的信件即可，他们可以写出比你漂亮的信件。你可以和诸位亲爱友善的理事保持甜蜜腻人的关系，在惠特利委员会*和劳方温言软语。尤为重要的是，你还有大把机会干你自己的事，不需要在有客来访的时候将私事藏到油墨纸下面。任何图书馆的书只需几分钟就能到你手上，你甚至能把罗塞塔石碑装上轮子运进来。还有，当然了，最后你可以合理期待一个终身贵族

---

* 英国协调雇主、雇员之间关系的常设委员会，成立于1918年。——译者注

大英博物馆的屋顶，显示其在纳粹闪电战轰炸之下的毁损状况。

的头衔，还有大英嘉德勋章。这份工作简直超值。[5]

在肯德里克幽默谐谑的语言之下，乃是大英博物馆馆长的现实生活：无尽无止的委员会讨论、纷至沓来的财政缺口、接踵而至的政治要求、暗流涌动的"职员造反"，还有经久不息的新获藏品项目、展品翻新和展览管理工作带来的沮丧失落（以及多种多样的开心愉悦）。21世纪初，有媒体挖出肯德里克的讣告，对大英博物馆极尽冷嘲热讽之能事。但他们误解了前面引述那封信的语气，一字一句地信以为真了。*

约翰·沃尔芬登爵士（1906—1985；1969—1973年在任）是个改革派馆长，焕然一新的果决风格成为他任职的一大特色。许许多多新的分馆机构得以上马，民族志分馆外迁到了伯灵顿公园地带的人类学分馆，大英博物馆史上第一遭"重磅"展览也应运而生：《泰晤士报》和《星期日泰晤士报》力推的《图坦卡蒙宝藏特展》（1972）吸引了160多万人参观，这个惊人的数字在大英博物馆的展览史上无出其右。《图坦卡蒙宝藏特展》既是一场文化事业盛宴，也是一次地缘政治投资。结果就是，这批藏品在整个20世纪70年代都在苏联、美国、加拿大和德国的各大博物馆巡展。

第二位锐意革新的馆长是约翰·波普-亨尼西爵士（1913—

---

* 2000年大英博物馆爆出"错误石种"事件后备受媒体攻击。换言之，大英博物馆中庭（Great Court）之内的南侧柱廊在建造中用了波纹奶色石灰石（Caen Stone），而非波特兰石灰石（Portland limestone）。波纹奶色石灰石要比波特兰石灰石更亮，有官员被其亮度闪到了眼。不过，今天不大可能真的还有人抱怨这个石头问题。"抓到了！错误石种"，《每日电讯报》2000年8月25日。

1994；1974—1976年间在任）。犹犹豫豫之间从维多利亚和阿尔伯特博物馆转投而来的他，立即就面临设立入场费的可能，但这又颇与大英博物馆的原先旨趣和立馆之道相悖。收取入场费的政策，乃是爱德华·希思首相保守党政府最后数月里的财政节省之举。1974年1月2日上任第一天波普-亨尼西就发现，"斯莫克柱廊"下方、安装于圣诞节前的验票机遇湿瘫痪。人均入场费定在10便士——目的是要在七八月涨到20便士之前先留住游客——这项方案在大英博物馆不可避免地只能搁置，并在三个月后哈罗德·威尔逊的工党政府上台时收回成命。负责执行这项国家博物馆和国家美术馆通行费争议政策的政府大臣，正是当时的艺术大臣埃克尔斯勋爵。巧合的是，此君也是大英博物馆理事会主席。显然，勋爵大人对自己负责的那座博物馆的历史并没有太过上心。博物馆入场费的议题在党派政治中总是往来不休，正如前任馆长弗里德里克·凯尼恩的文章所写的那样：

> 这个争论不休的问题其实非常简单。该政策究竟是要鼓励人们利用博物馆，还是反之？毋庸置疑的是，强收通行费是在阻碍人们参观博物馆……这个国家已向大英博物馆投了大笔资金，我们考虑博物馆回报的时候应当优先考虑它给公众带来的教育红利，而非入口闸机收取的那点微不足道的现金。[6]

埃克尔斯勋爵显然是对凯尼恩的论点视而不见了。其实，凯尼恩所论在本质上与1784年理事会顶住政治压力拒设通行费的论点如出一辙，他的论点直至今天依然有效，与18世纪80年代和20世纪70年代并无不同。

此时的大卫·威尔逊早已不是大英博物馆的助理馆员。时任伦敦大学学院中世纪考古学教授的他于1977年接任波普-亨尼西，成为大英博物馆新任馆长。《观察家》(*The Spectator*) 是这么描写他的：

> 好勇斗狠，易怒暴躁，急不可耐，魅力动人。大英博物馆馆长就像蓬蓬头彼得一样大步流星地在办公室里踱步，脸上挂着谑而不虐又恰如其分的微笑。就在博物馆业界一派衰颓气象之际，大卫爵士脱颖而出，成为学者型馆长的代言人。原因很简单：他既是学者也是馆长。[7]

威尔逊以历史学家的方式履行馆长之职，他预见到了将民族志藏品从人类学分馆取回到大英博物馆的需求。这在经济上也有不得不然之处：伯灵顿公园的租金费用高昂。本项动议践行了支撑大英博物馆根基的中立原则，也强调了"各藏品要聚在一处彼此呼应"的重要性。虽然在事实上这项动议与博物馆的内部空间压力背道而驰（正是空间压力迫使藏品重组、迁出），但它还是在1997年付诸实施了，人类学分馆也在同一年关门大吉。

至此，大英图书馆的迁出就已不可避免了：位于圣潘克拉斯的新址奠基石也于1982年由查尔斯王储亲手打下。十年之后书籍和手稿的迁出给大英博物馆带来了深远影响，永久地改变了博物

伊丽莎白二世于1972年参观《图坦卡蒙宝藏特展》。

馆的重心所系。在此之前——每天、每周、每月、每年——一群群的读者都是冲着阅览室去的，他们要到那里用功学习：这是清楚明白而又直截了当的无声意图。自1998年6月以来，这批人就离开了这里。现在，大英博物馆来访者的意图也许就更加散漫、难以确定了。他们依旧真诚，但肯定在种类上截然不同了。大英图书馆奠基石的铺下也标志着大英博物馆"重加校准"的开端，馆方面临新的挑战：重新思考该馆的未来。

身为馆长的大卫·威尔逊撰写了一篇关键文献，那就是引发争议的《大英博物馆：立馆之道与政治纷扰》(*The British Museum: Purpose and Politics*，1989)。退休之后，威尔逊还写了一本《大英博物馆——一部历史》(*The British Museum: A History*，2002)。两本书可谓标志着他馆长任内的两极角色：一极是善用政治手腕，清楚明白地确立大英博物馆的宗旨所在；另一极则是秉承学者的中立品格，描绘了一幅"大英博物馆从何而来，向何而去"的图景。在罗伯特·安德森和尼尔·麦克格雷格两任馆长治下，大英博物馆继续着其深入万千人心人意、赢得众人认可的旅程。在罗伯特·安德森任内（1992—2002），中央的矩形庭院得到了重点开发：诺曼·福斯特设计的这座"伊丽莎白二世女王中庭"(Queen Elizabeth II Great Court)筹划并兴建了。在博物馆的中庭等地，公共教育和启迪活动得以以更快的步伐和想象力开展。大英博物馆成为更显眼的公共教育媒介。

大英博物馆在这段岁月里的外观变换只有"斯莫克年代"方

能比拟。尼尔·麦克格雷格馆长在任内（2002—2015）目睹了藏品范围的拓展、藏品热点的聚焦和大众号召力的提升。《秦始皇：中国兵马俑》（2007）及其后续特展将学术性和观赏性合二为一了：《莎士比亚：世界在此上演》（Shakespeare - Staging the World，2012）、《冰河期艺术》（Ice Age Art，2013）、《德国——一个国家的记忆》（Germany - Memories of a Nation，2014）、《定义美丽——古希腊艺术中的身体》（Defining Beauty - The Body in Ancient Greek Art，2015），以及《沉没城市》（Sunken Cities，2016）。[8] 自然而然的结果是，借展和联展也有所增长。罗伯特·安德森任内策划的“启蒙展厅”于2003年揭幕，意在庆祝第一部《大英博物馆法案》颁布250周年。2015年，“沃德斯登遗赠”也面向21世纪观众再次展出，地点选在了曾经的西方手稿部研究室。[9] 博物馆的受众面也在麦克格雷格的第一套系列电台节目《100件文物中的世界史》（A History of the World in 100 Objects，2010）中得到拓展，并在与展览相关的系列电台节目《莎士比亚永不止歇的戏剧世界》（Shakespeare's Restless World，2012）、《德国——一个国家的记忆》（2014），还有《与众神共处》（Living with Gods，2017）中再度拓展。总而言之，这些清楚直白而又主题鲜明的节目展现了大英博物馆影响深远的哲学根基，以及馆方经由文化交流（藏品、知识和建议）逐步演化而成的“策展外交”。2005年，麦克格雷格接受《卫报》采访时提醒读者，大英博物馆的立馆之道正是17世纪哲学家约翰·洛克诸理念的展现：一切知识都应抵达公民，新获知识理当传播分享。

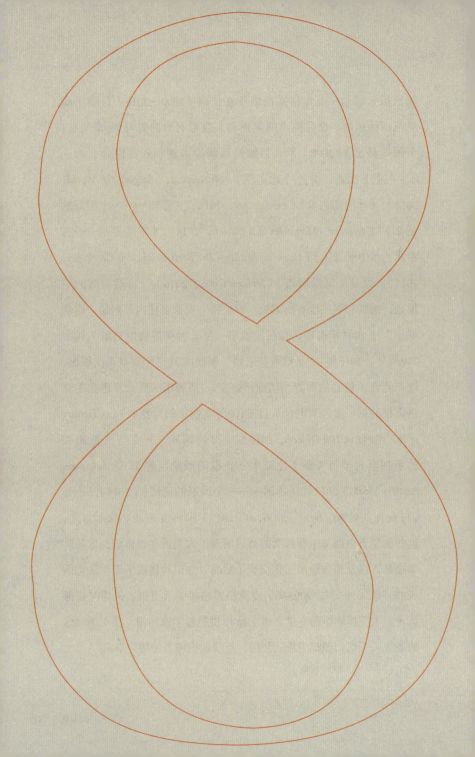

* * * * * *

进入 21 世纪

"大英博物馆，天堂般的存在"

大英博物馆的收藏之道存有一种内在矛盾。馆方收罗蝴蝶标本和独角鲸长牙的职责早已不存，他们为国家收集印本手稿的重要角色也已消退，不过，大英博物馆依然是英国的文物宝库，聚拢了世界各地的奇珍异宝。大英博物馆既是保有考古记录、维持考古安全的国际网络关键一环，也是参与"以文物保有人类历史证据"这项任务的全球诸多机构之一。"关注过去"仍是博物馆的重大职责，在全球范围内收集当代藏品的工作也不遑多让。类似的藏品每天都在涌入大英博物馆：从硬币和徽章，到木质或纸质模型的打字机、电话机、盒式收录机和摩托车（均产自20世纪80年代的槟榔屿），再到加纳产的奔驰车形棺木都有。[1]后面这些藏品反映了当地围绕死亡而生的礼仪，其所蕴含的人类习俗可以追溯到大冰期。收集当代版画素描作品的传统也源自博物馆甫建的数十年，彼时的大英博物馆就开始接受版画和素描的馈赠，有些来自当世艺术家，有些则来自理查德·佩恩和克雷顿·克拉切罗德这样的收藏家。这在当时本来没什么争议。但时至20世纪，一场生根的"传袭偏见"开始针对使用公共资金购买当代艺术品的行为。尽管可以用馈赠的方式绕开这项非议，但直至1967年大英博物馆才通过了一次数额不大的当代艺术品购买案。[2]纵观英国全境，其他国家艺术机构都已各自独立履行了它们收藏当代图形艺术品的使命，其中最重要的要数泰特美术馆、维多利亚和阿尔伯特美术馆。此外从苏格兰北端的奥克尼到英格兰西南角的圣艾夫

马来西亚槟榔屿出产的纸像。这些标志世俗成功的符记将被焚烧，祭献给新近去世的亲人。

斯，英国各地区域性的博物馆和美术馆也在20世纪最后四五十年里遍地开花，至少是代表各自地域收集了当代的艺术品。

因此，提出如下疑问显得合情合理：考虑到已有如此之多别的机构在走这条路，大英博物馆是否还需要继续收藏今天的艺术品？答案必须总是肯定的。原因在于，无论是探研图形技法的演化史，还是追踪人类表达方式里不断改变的优先选择，博物馆的视角都堪称独特，其所关涉的范围也是放眼全球而非局限一国之内。博物馆的首要旨趣乃是彰显人类实践（human practice）而非美学评鉴（aesthetic judgements），这或许让我们有理由深思，那44根裹在博物馆入口之外的柱廊堪称我们认知的过滤器：它们乃是一头鲸鱼口中的鲸须，掠取丰富的磷虾作为食物。它们标志着一条新鲜路径，从每一位个体那里求取新的思维：泰特美术馆与维多利亚和阿尔伯特美术馆呈现艺术品，大英博物馆则表彰人类产品。唯有（在英国的）大英博物馆才有这么一种综合性的展览，足以展现蚀刻版画（etching）在国际上的变迁，从伦勃朗（17世纪荷兰人）到吉姆·戴恩（一位当代美国流行艺术家）；或是平版印刷从塞尼菲尔德到杰里柯，再到内文森的演化；再是墨水画从波提切利到克劳德，从惠斯勒再到阮秋。*我们称这些人为"艺术家"；他们当然是艺术家，但他们也是机巧杰出的人类：正是出于

---

*　阿罗斯·塞尼菲尔德（1771—1834），德国人，平版印刷术发明者；西奥多·杰里柯（1791—1824），法国艺术家；克里斯托弗·内文森（1889—1946），英国艺术家；桑德罗·波提切利（1445—1510），意大利艺术家；克劳德·洛林（1604/05—1682），旅居意大利的法国艺术家；詹姆斯·麦克尼尔·惠斯勒（1834—1903），旅居英格兰的美国艺术家；阮秋（1930年生），越南艺术家。

这个原因，他们的作品才会入藏大英博物馆。就在古物以其"来自过去"的本质脱颖而出的同时，大英博物馆也自我施加了一项职责：引导公众对图形艺术的进步有所认知和理解，方式是获得藏品、藏品编目、出版和布展。在某种意义上，这必须及时展望未来而又不失时机地回顾过去。

内在的悖论至此显现：1975年弗兰西斯·卡莉获任印本素描部助理馆员，她的特殊职责是建立大英博物馆的20世纪素描收藏，使之"与时更新"。在众多素描作品中，卡莉推荐购买的乃是雕刻家威廉·塔克[3]的作品《1975素描1号》：这是一组平行线条的几何图案密码，由马克笔画在碎报纸上，而报纸文本栏则是颠倒过来的。[*]在1975年9月的会议上，这件藏品在诸位理事观看新获藏品的时候引发了他们的关注；据说，其中一名理事也就是杰出的艺术史家克拉克勋爵在看到塔克这幅素描的时候说了一句，"这够了吧！"这句评论其来有自：彼时他的暴怒是冲着泰特美术馆去了，该馆新收的藏品是卡尔·安德烈的《第八等式》（*Equivalent VIII*，1966），即所谓的"泰特砖"（Tate Bricks）。克拉克在这里下的是本能的美学判断，而非出自一个旨在保有人类创造力成果的机构的视角。会议记录记载了当时绘本素描部馆员约翰·盖尔听闻的会议情况，"卡莉小姐一直在自信满满地提出计划，盖尔先生并不认为应当这么早就试图指引她的兴趣"。在后面的一次会

---

[*]　藏品购入后在展示衬垫上加了一个方向朝上的箭头，表示阅读方向。

议上，塔克素描作品那股宁折不弯而又简约还原的本性遭遇了某种程度的纷争和不快。全体理事就像克拉克一样做出了一个美学判断：

> 馆长（波普-亨尼西）报告说，他与许多理事一样颇受困扰，来源是上次会议向理事会展示的那幅威廉·塔克的素描作品。结果，他要求绘本素描部编纂两份名单，一份列出最近50到75年里享有稳定声誉的高水平当代艺术家，另一份则列出这些艺术家在各地馆藏中的作品。馆长打算推出一项政策：当代艺术作品的收藏必须基于这两份名单。（1975年10月25日）

这反映了大英博物馆在两种需求之间游走时的某些不适：一边是讲述本质完整的故事（比如说古埃及）的种种需求；另一边则是展现版画复制和素描术演化的那些需求，它们的演化永无尽头。大英博物馆在擘画图形学的前方路径之时，发现自己必然要做与美学甄别背道而驰的前瞻预言工作。甄别工作可是博物馆职权范围之内的关键一环，人们也信赖博物馆身为真货宝库的地位：所谓"黄金标准"对付的就是那些相对而言可以甄别而出的人工制品。甚至于，赝品也可以成为真正的博物馆藏品，它们是自身意义上的"真货"。2017年，大英博物馆用数月时间举办了一场"1英镑假币"的小型展览。这既是警示也是样板：皇家铸币厂正是在这一年发行了"无法制假"的新版1英镑硬币。

出于对绘本素描部在当代图形艺术上直面传统、勇于创新政

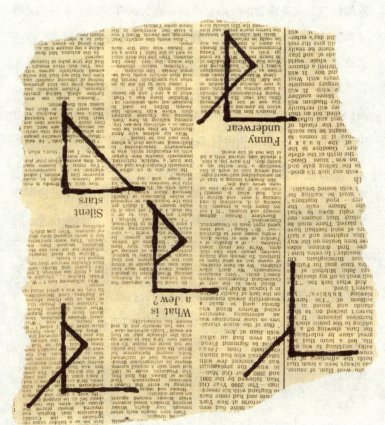

《1975素描1号》，威廉·塔克作品。

策的回应，大英博物馆硬币奖章部也在2009年组织了一场"屈辱奖章"（Medals of Dishonour）展，回顾了一段另类奖章史。这些奖章意在纪念和讽刺在16世纪和20世纪之间，那些被认为是不甚光彩的事件和行径。展品还包括了英国艺术奖章学会（British Art Medal Trust）制作的当代奖章，标记和纪念相应的人和事，其中就有托尼·布莱尔和伊拉克战争。制作奖章的艺术家包括杰克·查普曼、迪诺斯·查普曼、格雷森·佩里和理查德·汉密尔顿。这些呈送给大英博物馆的奖章样品，表明博物馆把过去那些奖章制作者的作品所具有的讽刺与政治影响带入了当今世界。这次创新之举严格来说也与驱动博物馆藏入当代绘本素描作品的那股推力属于同一类型，它们背后也都有故事可讲。无论是绘本素描还是硬币奖章，它们收集的眼光都同时包括了过去和未来；古埃及部仅仅放眼过去。大英博物馆扮演了双面神亚努斯的角色：博物馆并非戳在原地一成不变，它在任何时候都应该采行360度全视角。

* * *

从一开始大家就心知肚明（如果不是不言自明的话）：艺术家和艺术生乃是大英博物馆访客拼图里最为重要的有生力量。早期几个版本的"概要"都特别提到了艺术家和艺术生，他们对博物馆的立馆旨趣是如此重要，以至于馆方为了方便他们而设立了特别开放日和延长开放时间。

不过，1832年1月却发生了一件糟心事：一名学生在移动画架的时候粗枝大叶，不慎敲掉了"汤利维纳斯"雕像的两根手指。事故引发了人们对博物馆优先使用权的一次紧急重估。独立艺术家们素有泡在博物馆及其藏品之间的癖好；本杰明·罗伯特·海顿堪称个中翘楚：自帕特农石雕入藏之后不久，他就泡在馆内画它们的素描；J. M. W. 特纳则是19世纪20年代版画室的快乐访客，他在仔细观看一幅版画并临摹的时候，恰好被当时的绘本素描部馆员 J. T. 史密斯撞个正着。后来的几任该部馆员西德尼·科尔文（1845—1927）、坎贝尔·道奇森（1867—1948）都拥有博雅的当代图形学知识，他们也得以运筹帷幄，巧妙对抗那些反对博物馆入藏当世艺术家作品的偏见。那些也许不能动用公共资金购买的藏品，却可以用支持者礼物的名义收藏。当然，"支持者"（well-wishers）也可包括艺术家和馆员本人。科尔文和道奇森也利用当代艺术学会这扇后门，以该会礼品的名义为藏品添砖加瓦。

大英博物馆的立馆之道是"公民中心"（civic centrality），艺术家们乃是传扬这一旨趣的最明确载体：博物馆一直都是艺术家、艺术生和收藏家们至关重要的会议地点，方便公众访问是它的优先要务。20世纪法国收藏家塞萨尔·曼日·德豪克就将他所收藏的大量19世纪法国素描作品捐给了大英博物馆，其中不乏雷诺阿、秀拉、凡·高这样的名家之作。原因在于，德豪克小时候在英格兰上学的时候曾经获允进入版画室，尽情观赏他喜欢的画作。据他自己的说法，他认为自己到了卢浮宫就不会如此畅通无阻。[4]

到了20世纪，我们可以引用的例子就更多了，包括雅各布·爱泼斯坦、亨利·摩尔、大卫·史密斯、爱德华多·帕奥洛齐和格雷森·佩里，这些艺术家对大英博物馆藏品均有着创造性利用，他们的艺术类型和艺术方法都随着时间变迁各显神通。

雕塑家亨利·摩尔在他还是皇家艺术学院学生的时候，就充分利用了伦敦此处的风水宝地。1920年，他在家书中写道：

> 我连着两天把下午花在了大英博物馆的埃及亚述雕像那里——离闭馆还有一小时的时候我强迫自己离开这些雕像，前去做一些新探索，于是发现了……民族志展厅——那令人心醉神迷的上佳黑人雕塑……待在伦敦是多么美妙啊（乡下长大的哈利如是说）![5]

在这次和其他多次造访博物馆期间，摩尔创作了《手臂上扬的女人》（*Woman with Upraised Arms*，1924—1925年间完成；亨利·摩尔基金会），埃及展厅里阿孟和蒂的巨手启发了他。1925年摩尔在意大利参加某学术项目时对此也有所反思，他写道："如果这次学术活动对我一无所用的话，那么或许也将让我明白我们在英格兰拥有的宝藏——大英博物馆，天堂般的存在。"[6]

而就在同一年，正如他后来反思的那样，他"重回大英博物馆观赏古墨西哥艺术"。角落里有埃尔金和菲加勒伊安石雕，古典时代的希腊罗马元素不可磨灭地渗入博物馆的建筑纹理，不过，还是埃及、亚述、非洲和墨西哥雕像的威力影响了早年仍处于发展期的摩尔。穿过44根柱廊组成的过滤器，摩尔探骊得珠，发现了另一番奇思妙想。他在给朋友的那些深思熟虑的信件中强调，大英博物馆取精用宏的藏品深厚博大，点燃了这位好学深思而又果决坚定的艺术家的激情，重新定位了他的艺术之路。六十年后，时值职业生涯末期的摩尔在他《亨利·摩尔在大英博物馆》（*Henry Moore at the British Museum*，1981）一书的导论部分写道："在我最具可塑性的那些年里，我对雕像十分之九的理解和学习所得都源自大英博物馆。"

摩尔的经历让人心有戚戚，尤其是当我们回顾19世纪，对照彼时馆员和访客对大英博物馆的反应，再历数二百年来的种种变迁的时候。1808年版的"概要"里写道，蒙太古府二楼I号展厅里的展品就包括了来自亚洲、非洲、美洲和南太平洋群岛的"他处"（inter alia）藏品，这些藏品都被列为"现代艺术品"。这次展览的介绍语如下：

> 这里选择陈列的藏品来自一大批相似的原料，它们储藏在这儿较不显眼的地方。拣选这些物品看的是，它们或能最好地展现一些当地风俗、艺术、制造业或历史亮点；不过即便如此，其中大多数都将被放到一边，给其他更有内在价值的藏品留出位置。

这里的否定语气颇为温和：不承认这部分藏品有多大的重要性。但尽管如此，大英博物馆还是以一种适当的方式，从一开始就践行了或可称之为"博物馆运动"的方略：哪怕只是放在"这儿较不显眼的地方"，这些藏品也得到了保留，并会在未来存放一段时间。时至20世纪20年代初，亨利·摩尔来到大英博物馆，看到了民族志诸展厅里这些"自命名"（self-name）的藏品：

> 这些展览对我而言堪称梦幻；展品都打包装在玻璃橱柜里，常常混在一起。这样一来，每次到访似乎总能发现新的东西。我对非洲和太平洋的雕塑尤其感兴趣，深深觉得"原始"一词用来形容它们实在是个误导，因为这个词语暗指"粗陋"和"不完备"。在我看来显而易见的是，这些艺术家并不是在尝试——他们未能——以自然主义的方式表现人类形态，但他们有着自身的明确传统。欧洲艺术之外尚有如此多姿多彩的传统，它们是极大的启示和激励。我曾经手绘过许多这类雕刻品，有时就在手头的随意几张碎纸上，有时是在素描簿上。当然了，其中好几尊雕刻品都影响了我后来的工作。[7]

博物馆的一大根本目的就是保有藏品，等待属于它们的时刻到来。尽管在大英博物馆的早期岁月里有些藏品遭到冷遇甚至是白眼，但对民族志藏品而言，属于它们的时刻还是在19世纪末20世纪初到来了，这多亏包括雅各布·爱泼斯坦和亨利·摩尔在内的艺术家的到来。而在20世纪70年代和80年代，爱德华多·帕奥洛齐（1924—2005）在大英博物馆人类学分馆里的民族志部展开了一番探寻，并策划了《纳瓦特：失落的魔法王国和六个纸月亮》（*Lost Magic Kingdoms and Six Paper Moons from Nahuatl*, 1985）。

格雷森·佩里（1960年生）将他本人的作品和入藏博物馆的藏品拿到一起作为例证，举办了一场名为《未知匠人之墓》（*The Tomb of the Unknown Craftsman*，2012）的联展："这是给制作者和建造者的一座纪念碑，那数不胜数、姓名不详而又技艺工熟的个体，正是他们打造了史上这些绚丽的人工奇迹。"佩里的展览翻转了当代艺术家回应博物馆藏品的惯例。正如硬币奖章部馆员菲利普·阿特伍德当时的评论："佩里选取和展览藏品的方式，我们这些在此工作的人无人可以想出。这场展览势将大大异于大英博物馆过去曾经办过的任何展览。"

* * *

大英博物馆是如此宏富而受人景仰，这样的机构势必和其内的藏品一样成为众所倾心之物。当然了，这也反映了一个问题：正如你我所见，大英博物馆成为日记作家、纯文学作家甚至是卡通画家早期作品的母题。爱德华·F. 埃利斯1981年编纂的《小说中的大英博物馆：一份清单》（*The British Museum in Fiction: A Check-List*），就给出了1300多名英语作者的作品书目，他们的故事都与大英博物馆难解难分。他们的著作一再展示了这个机构如何给他们的文学作品以及文学作品背后的生活留下了不可磨灭的影响。在狄更斯的《博兹札记》（1836）里我们看到，大英博物馆

下页图

阿瑟·柯南·道尔申请大英博物馆阅览室读者卡的表格，1891年。

成了那些"死要面子者"的流连之地；而在本杰明·狄累斯利的小说《恩底弥翁》（1880）里，出现了"大英博物馆的绅士以寥寥数语谈论了古埃及人挪动巨型花岗岩的方式"。这位绅士一定就是拉亚尔德或牛顿。托马斯·哈代深情回顾了大英博物馆的服务，其中尤为著者便是《德伯家的苔丝》（1891）一书：大英博物馆阅览室成了极具社交雄心的西蒙·斯托克斯查找信息时的天然来源，所谓"绝后的、半绝后的、隐晦不明的和消亡的家族"。

自19世纪末以至20世纪，大英博物馆还成了一家文学社区，E. 奈斯比特《护身符的故事》（*Story of the Amulet*，1906），乔治·吉辛、阿瑟·柯南·道尔、亨利·莱特·哈葛德、弗吉尼亚·伍尔夫、保罗·加里科、安古斯·威尔逊（阅览室主管）和大卫·洛奇 [他在《大英博物馆在坠落中》（*The British Museum is Falling Down*）的人物亚当·阿普比差点把博物馆点着了] 都曾驻足于此。洛奇用了大量大英博物馆的元素以打动读者：阿普比端坐在阅览室的桌子上畅想英国文学、天主教教义和计划生育。从20世纪60年代到90年代，一条封闭式走廊将大英博物馆阅览室与入口大厅隔离开来，这样一来读者就看不到之前位于另一边的庭院了，那里在此时成了一处书堆聚集之地，"他穿越窄窄的阴道走廊，进入了阅览室的巨大子宫之内"——洛奇如是写道。

* * *

纵观大英博物馆诸藏品，帕特农石雕引发了较多的笔墨关注。

身具"反响无穷的历史文物"和"政治辩论标的物"这两重属性,帕特农石雕恐怕要比博物馆其他任何组别的藏品都更惹议,尽管这两重属性互为表里。这批雕像不仅代表了人类集体成就的巅峰(正是他们缔造了公元前5世纪的雅典文明),它们本身也是造福一个国家的人文作品的最强宣示。一群尽善尽美的雕刻家在严密的文化、宗教和管理统辖之下完成了这些作品,它们是无愧于定义一个时代的杰作。雕塑巨匠们不但发出了他们主君要求的宗教政治强音,而且阐明了指引他们的神话和伦理规范。这些雕塑对世界文化的重要性毋庸置疑,大英博物馆取得它们的机缘境遇都将作为火热的政治话题持续延烧,直至它们的所有权归属到各方皆大欢喜的状况。当然,"各方"也包括人类政体。这里存在一个争论,因为在帕特农石雕那里同时存有两种合情合理而又彼此不可调和的硬碰硬立场:基于情感和记忆的国家遗产所有权(希腊),植根于全球性文化反响,并掺有某种持久看护职责的理念(大英博物馆)。讽刺或者说机运在于,这些立场没法互换。两造阵营都呈现了某种权利意识,这个争论唯有等到双方都能承认这一镜像,并且克服深植其中的不对称时方能解决:一个国家在和一家机构谈判。息讼解纷的关键所在,也许是需要我们挹注我们自身的资源,同心协力打造一个统一、繁荣、和平的欧洲。帕特农石雕堪称一个混杂了"统一、繁荣、和平"的复杂符记,亟须

下页图

帕特农石雕,自20世纪中叶以来持续展出。

在理解的基础上达成协议。

理事们发布的这段平淡无奇的文字，描述了帕特农石雕在大英博物馆展览工作中扮演的角色所在：

大英博物馆讲述世界范围内人文成就的故事，从二百多万年前人类历史的拂晓以迄今日，帕特农石雕乃是这个故事里的关键一环。大英博物馆对这个世界而言堪称是别具一格的资源：其藏品的精深博雅也让全球公众得以检视各自文化认同，探索人类文化互联互通的复杂网络……帕特农石雕正是这个互联互通的世界藏品大家庭里的关键成分。它们都是世界共享遗产的一分子，超出了政治的此疆彼界。

帕特农石雕入藏大英博物馆几乎整二百年之际，一件无论在原材料、重量还是在规模上都大为廉价的文物也穿过44根柱廊进入了博物馆。这只是一尊简简单单的基督十字架，架身带有一道可称优雅的曲线。如果观察大致不差的话，这尊十字架制自一艘破船上的木头。制作者是弗朗西斯科·图齐奥，意大利南海岸外兰佩杜萨小岛上的木匠。2013年正值移民年代，图齐奥和岛民同胞一起目睹了数千名厄立特里亚和索马里移民试图从利比亚穿越地中海的景象。兰佩杜萨十字架[8]的木料来源是一艘沉船，该船在2013年10月11日沉没，311人丧生，150多人获救。图齐奥受这次事件感召，决定用这艘船的残骸木料制作十字架，纪念每一名遇难者，作为救赎的标志和未来的希望。应"英国欧洲和史前部"

馆员吉尔·库克之请，图齐奥专门为大英博物馆制作了这尊十字架。2015年，图齐奥呈送了他的作品。这尊十字架位居大英博物馆精神特质和立馆之道的核心位置。下面这段文字就是博物馆在网站上对它的介绍：

　　拉丁形制的十字架，原料制自2013年10月11日在意大利兰佩杜萨岛海岸失事沉没的船只碎片。横木和竖木以十字形状搭接。十字架正面、下方和上方表面的蓝色印记依旧磨损漫灭。竖木正面遍布油漆损层。底漆呈现暗绿色，上覆一层刷成了橙色的米黄颜料。十字架的两侧和背面都已剥落到木质表面。竖木背面近顶处有一孔小洞悬置其上，而在十字架顶部右侧，一枚铁钉的碎片依然存留着。十字架的背面签有"F.图齐奥，兰佩杜萨"的姓字。

　　这段说明文字不带感情而又干脆利落，创造了描述物质状态之时所需的距离感，像极了一名医生在诊断病症或外伤时或可采纳的做法。从这段文字中你完全看不出来大英博物馆取得藏品的曲折经历或兴奋之情。吉尔·库克既是馆员，搜寻那些能讲故事的藏品是分内之职。藏品展出收获的反响也提升其价值。库克听说了兰佩杜萨人对2013年那场悲剧的反应，她深感自己的部门应当收集一些足以反映这段移民史和人道主义灾难的藏品，毕竟这场悲剧给欧洲政治和欧洲社会冲击甚大。纵观二百年来的历史，大英博物馆应当收藏什么，才配得上这段重大时期？库克意识到，弗朗西斯科·图齐奥的人文创举就是关键。她如此描述事情的来龙去脉：

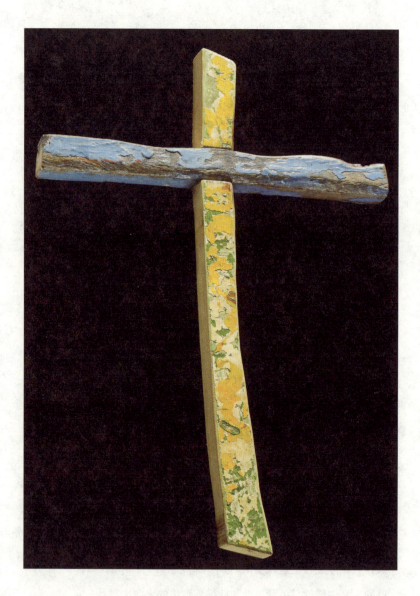

兰佩杜萨十字架，2015年，弗朗西斯科·图齐奥摄

当时我们必须找到他。我们翻阅电话号码簿，给他打了几通电话。我开门见山问他的是：能不能为我们制作一尊十字架？需要多少费用？他的答案是"可以；不要钱"。接下来的事就世人皆知了。我询问某位正在西西里岛参会的同事，是否可以会一会从兰佩杜萨岛而来的渡船，取得这尊十字架。不过，如此复杂的安排根本就不必要，因为图齐奥先生已经将他的作品寄出了。十字架寄到之后我就拿给尼尔·麦克格雷格看，他在第一时间就想将之公之于众，作为他馆长任上所获的最后一件藏品——否则的话这尊十字架可就不会有人注意了。馆长先生还加了一句，他说兰佩杜萨十字架是一件让这家大博物馆谦卑的藏品。[9]

帕特农石雕代表着一个正处于巅峰文明的文化表征，它们深知文明深处的重压和不谐；兰佩杜萨十字架则是小得出奇的东西，所费极少而又工艺极简，它也是某发达文明的文化表征——我们自己的文明——十字架直面了21世纪的重压和不谐。尽管就材质、影响力和市场价值而言两者之间存在巨大鸿沟（如果可以估测两者之中任何一者的数字的话），但帕特农石雕和兰佩杜萨十字架在大英博物馆的故事里拥有同等的重要性和情感能量。

* * *

大英博物馆直接是从18世纪两大交叠而行的潮流演化而来：培根的经验论和洛克的人性论，两者都对欧洲的启蒙运动颇有贡

"沃伦杯"，公元前15年至公元15年。大英博物馆于1999年
斥资180万英镑购入。

献。启蒙运动乃是我们着手观察和考量过去时的一面透镜，它不仅孕育了20世纪的一本本百科全书，还催生了21世纪的维基百科。它们都发轫自狄德罗的《百科全书》，但一切的一切还是要归功于从小学到大学的各级学校、诸研究机构、多家智库，还有自由的新闻界。反之，总体而言博物馆在极权社会都要面临风险。18世纪末19世纪初拿破仑对博物馆和艺术品的劫掠、纳粹在20世纪的劫夺，都已展现了这一点。博物馆既是启蒙运动的产物，它们也必须自我演化，在社会变迁的同时既引领社会也反映社会现实。

同样地，博物馆既然可以成为极权摧残的目标，它们也就成为自由表达和抗议的天然舞台。2016年，大英博物馆就成了抗议英国石油公司的场地，只因这家公司乃是展览《沉没城市》的赞助商。绿色和平组织的抗议者身着美人鱼服饰占据了中庭，其他抗议者则在立面廊柱之间挥舞着旗帜，上面写着那些即将因为气候变化而遭淹没的大小城市——新奥尔良、博斯卡斯尔、马尼拉、马尔代夫、赫布登布里奇。不管你喜欢与否，大英博物馆都是那范围广阔的政治和环境争论的一分子。相形之下，帕特农石雕的相关争吵就像是游乐场里的玩具争夺战。

从帕特农石雕进入大英博物馆这座各路文化齐聚之地的那一天起，有关它们未来的政治争吵就不可避免地会在某天酿就一场危机。同时，呼吁女性投票权或同性恋权利的便士翻领徽章堪称

下页图
大英博物馆鸟瞰图。

公共意见的彰显，它们与兰佩杜萨十字架一样标记着人类对自身理解的高低起伏。1999 年，大英博物馆购买并展出了"沃伦杯"，一尊描绘色情行为的公元 1 世纪古罗马银质水杯。这在当时并未引发多少公众不满（甚至可说是几近于无），意味着博物馆至少已经安然度过了一场危机。仅仅在 50 年前也就是大英博物馆自身时程的五分之一之前，"沃伦杯"受到的待遇恐怕都将大为不同。1991 年的《收藏 20 世纪》特展标志着大卫·威尔逊馆长任内的收山之作，这次展览也在史上第一次对博物馆"回顾展望，守先待后"的职责做了清楚明了的评估。展览不仅展出了民族志分馆收藏的现代物品纸雕（比如电话、打字机和摩托车，通常会在中国式葬礼上烧掉的那种），也呈现了赫尔·格伦迪夫人（教授）捐赠的珠宝，更有 20 世纪产自全球的银器、玻璃制品和陶瓷制品。中世纪与后期古文物部收入的这些新藏品可以回溯到过去数百年，它们反映了设计实践的连贯性，还有应用、形制和样式的时下潮流。

自空中——在夜间，若是你身处于伦敦眼上，或是一架盘桓伦敦上空、即将着陆希思罗机场的飞机上——那么环绕中庭的穹顶新景就是身处于伦敦屋顶群像之中一块闪烁明亮的天空之环。而在白天，阅览室的圆顶之巅则走入了一片纯净的蓝色海洋，像是潟湖之中发现的一叶慵懒浮标。在阳光明媚的日子里站在室内仰望，目之所及并非飞机，而是飞来的群群伦敦鸽子栖息在玻璃三角网格结构之上。有些鸟儿会不时振翅起飞，给它们变换之中的种群性质加上了行动轻快的亮色。翻修之后的大英博物馆焕然一新，宏伟的中庭与经久不息的喧哗和数百人的旋绕人流枹鼓相应，丝毫没有丢掉博物馆带给第一批访客的震撼效应。当时的人们就像雪莱口中留待探索的"古代沃土的旅行者"一样纷纷来到这里，正如尼尔·麦克格雷格250年后的说法，（大英博物馆）有着"人类彼此交缠的一篇篇故事"。[10]

大英博物馆中庭自19世纪50年代以来首次揭幕的14年后，世界保护与展览中心也于2014年揭幕。这座新建筑不偏不倚地放在了博物馆西北角的空地里，位居18世纪蒙太古府阳台和杜维恩美术馆之间。勾画出大英博物馆矩形格局的这批建筑群最早完工于19世纪40年代，博物馆一层层的扩容就像一株生长年轮的大树一样：数十年的时间里这个有机体经历了转换和变迁，它本身保护、储藏和展览的功能却在始终如一地更新再造。

大英博物馆的藏品数量——约800万件——直逼伦敦的人口数；大英博物馆与它一条条涓涓不壅的捐助之河一样，映照着英国身为一个整体的立国之道。汉斯·斯隆给他藏品的指导是"通盘保留，不做一分一毫之缩减或分割……以为公共用途和公共利益之用"。二百五十多年的时间里有无数新的藏品加盟了斯隆，大英博物馆也以此致敬了创建者的谆谆告诫。同样地，大英博物馆也追随了诗人T. S. 艾略特在《干涸拯救》（ *The Dry Salvages* ）里的拳拳之意："以平等之心对待过去和未来。"

下页图
圆顶阅览室和大中庭，2011年。

附录

附录 1

汉斯·斯隆爵士之临终遗嘱，1739年10月9日订立生效

转写自约翰·维特鲁索之版本，临近舰队街鹤苑，1753年。

　　我，汉斯·斯隆爵士，来自米德尔赛克斯郡的布鲁姆斯伯里，圣乔治教区。我是医学博士，男爵，身心健康（这要感谢上帝）……谨此立下我的临终遗嘱……自我青年以来，我便是全能上帝那威力、智慧和造物的一大仰慕者和观察者，他的威力、智慧和造物正是在创始作品中显露无遗；我在我的历次旅行和远航中聚集了许多物品，得之他人的也不在少数，特别是我永远敬重的亡友威廉·库尔滕绅士；库尔滕将他生命财产的精华都用在了收集这些范围遍布地球绝大部分地区的物品之上，他也在死后将这些物品留给了我……而在近年来，我也增加了一大批新藏，那就是我的书籍（无论是印刷书还是手稿）、我的珍品稀藏（天然抑或人工）、宝石、图书、干植物标本、微缩肖像、素描画、版画、奖章等等，还有一些与之相关的油画。现在这些藏品就存放在我的宅邸和花园，其总量已经值一大笔钱了，我初步估计也至少有5万英镑。现在我至盼，这些物品可以在诸多方面得以彰显上帝的荣光……它们理当一体保管、不做分割，主要存放在伦敦城内——我绝大多数的地产正是在伦敦城内取得，那里也将会聚最多的人流，让藏品物尽其用。现在我谨授权、筹划……给予（我的遗嘱执行人）以全权信托信赖，一俟我离开人世，他们就可立即出售、处理前述之物品，以为公共之用。这些物品依照大不列颠法定货币作价2万英镑……卖给国王陛下（乔治二世）……如果陛下在遗嘱订立之后的六个月内并不接受这一价钱的话，那么我谨愿将这批遗物以同样的价格卖给伦敦皇家学会的会长、理事会和诸会员……如果他们还是拒绝的话，那就依次卖给牛津大学的教授学者、爱丁堡大学的医生、巴黎/彼得堡/柏林/马德里的皇家科学院，正是他们让我得以荣居他们的院士之列。我的遗愿是，他们之中的所有人都应留有一个月的时间……用于接受这份采购。

附录 2

《伦敦杂志》节选，1748年7月版，第317~319页

威尔士亲王在这期刊物中表达了自己的意见。

    亲王拉来一把椅子，并在一名年老的绅士旁边坐了片刻。亲王表达了他个人对这名老绅士的极大尊敬和看重，以及知识界对他十足的感怀之情：这名老绅士聚起了一座庞大的图书馆，收藏了许多好学深思的书籍；他还有着规模庞大的奇珍异宝，其中不乏价值连城又给人教益的自然艺术作品。汉斯爵士的宅邸内部拥有一块方形空间，每条边都有100多英尺，等于围起了一块空地；三间前室的中央都摆上了一字排开的桌子，每张桌子的抽屉里都装满了种类齐全的宝石，这些宝石都出自地球上的天然河床，或是源自天然，唯有第一个抽屉例外：这个抽屉里的石头都出自动物身体，它们乃是动物身上诸多疾病的具形：比如说最漂亮的珍珠，它们其实就是贝类动物里的赘疣；还有马胃里的结石，以及人们痛感其效的肾脏膀胱结石物；而在大地中心则生长着翠绿的祖母绿、紫色的紫水晶、金色的黄晶、天蓝色的青玉、猩红的石榴石、暗红的红宝石、闪烁的钻石、发光的猫眼石，还有各式各样的染色品种，倾尽花之女神本人或许希望装饰的所有色块；这里有最为绚烂夺目的容器，盛放的红玉髓、缟玛瑙、缠丝玛瑙和碧玉无不悦人耳目、益人神智，出言礼赞世间万物的造物主。

亲王大人参观了一间展室，接着又去了另一间，移步换景；他们归来之时，同一批桌子已经二度摆上了擦拭一新、紧跟当代潮流的各种珠宝；或是那些雕琢抑或雕绘的宝石，高贵堂皇而又启人心智的古典遗存。而当亲王第三次迈步至此的时候，这些桌子则都摆上了金银矿石，还有最为珍贵夺目的装饰品。这些装饰品遍及人类的各个栖息地：从西伯利亚到好望角，从日本到秘鲁，古代当代所在皆有，金质银质的硬币、奖章兼备，它们都是历史事实留存至今的见证，比如比提尼亚王普鲁西亚斯的那些遗物，此君背叛了自己的盟友；或是亚历山大大帝的东西，他是一个雄心勃勃的狂人，挥军入侵邻国，宛如犁庭扫穴；还有属于恺撒的物品，这位大帝制服了整个国家，用来满足他的一己荣耀；此外尚有提图斯皇帝的遗存，他是人类欢愉的所在；教皇格里高利十三世，一枚银质奖章记述了他对宗教事业的盲目狂热，以至于竟然痛下杀手加害法国的新教徒，导演了一场屠杀；当时统治法国的君主查理九世也留下了遗物：这里还能看到一名巴黎加冕的英格兰国王的硬币；一枚代表法国和西班牙的奖章，两国彼此争雄，攻击那个首先向不列颠尼亚示好的；其他遗物则展示了民众之怒的效应，尽管这些民变大多都被上位者镇压，比如荷兰的德维特之乱；威廉王到来，不列颠岛令人愉悦地得救；马尔伯罗公爵光耀夺目的功绩；还有我们当今卓越的王室家族的到达，令人高兴。

　　长达110英尺的画廊展现了一幅最令人惊异的景色；那里有最

漂亮的珊瑚、水晶、绚烂的石头；最为光耀善良的蝴蝶标本和其他昆虫标本；和宝石一样色泽绚丽、多姿多彩的贝壳，还有堪与宝石争光的鸟羽；这里甚至还有大洪水之前世界的遗存物，刺激着人们对这场巨大灾害的可怕想象，如此之多显而易见的证据足以证实摩西五经的真实性；还有形形色色的动物，告诉我们普天之下受造物那惊人的美丽。

紧接着，一幅华贵场景自我呈现出来：几间屋子装满了书籍；其中尚有数百册书帙是干燥的植物标本；一间装满了精品手稿和名贵手稿的屋子；还有时任法国国王送给汉斯爵士的国礼，用25大卷书册详列了国王名下的油画、奖章、雕塑和宫殿；除此之外，斯隆爵士尚有许许多多的藏品，族繁不及备载。

楼下的几间展室则配备了珍奇高贵的古董，分别来自埃及、希腊、伊特鲁里亚、罗马、不列颠，甚至是美洲；还有几间展室保管了大型动物的毛皮；大会客室则在每一边都排上了装满烈酒的瓶子，室内也有各式各样的动物标本。门厅饰以各种生物的角，比如非洲双角犀牛，爱尔兰9英尺宽的鹿角化石；还有不同国家的武器，其中就有刺刀。发明这件杀人武器的荣耀似乎并非属于来自我们最具基督信仰的近邻法国，而是来自马来西亚（Mayalise）。50卷对开本书籍也难以容纳这座巨大博物馆的全部细节，它包括20万以上条目。

王室贵胄们甚至难以表达他们看到这些收藏时的满足喜悦之情，因为这已经超越了他们即便能从最令人欣悦的记述中所能表达的全部观念和想法。亲王大人当场展示了他丰富的阅读量和最欢快的记忆；目睹如此多元丰富的收藏，形形色色的自然和艺术造物，还有那些他之前从未见过的珍物，亲王好整以暇地重新思考他读过的东西；参观古今奖章的时候，亲王说了不少睿智的评语，俨然一名谙熟历史精通年代的大师。亲王表达了他能在英格兰看到如此恢宏绚烂的藏品的极大喜悦，称颂其为一个国家的装饰品；亲王还发表了他的意见，那就是这些藏品必须在多大程度上有益于学问之便，以及多么有益于增进不列颠的荣耀，将之确立为一家公共机构，造福最近的子孙后代。

附录 3

汉斯·斯隆爵士之遗嘱附件，1749 年 7 月 10 日盖章生效；

1751 年 12 月 26 日重新盖章

汉斯·斯隆爵士在这封附件中改变了心意

从我青少年时代起，我就常怀一颗研究植物和其他所有自然造物的赤诚之心；多年以来，我付出极大心力和财费，聚集起了在我们本国和外国都堪称罕得难求的藏品；我也全身心相信，没有什么能比"我们自然知识的扩张"更能增进我们对神灵威力、智慧、善行、神恩和其他完美的认知，更能了解它的造物的舒适和安康，我谨立下遗嘱，愿以……如有可能，我各科各业的藏品应当一体完整地在我切尔西教区的宅邸里保管留存，那里位于药材园附近。（我将藏品遗赠）就像我把药材园交给药剂商公司一样，出于同样之目的……我谨给予、赠予、捐献（这里列出了 48 名理事的姓名，详见附录 4）……我在前述切尔西宅邸的全部藏品（或博物馆），它们品类极其繁盛，没法一一描述。但我的意思是，我名下图书馆里的全部古今藏书、绘画、手稿、版画、奖章和硬币，古董、图章（等），浮雕和凹雕（等），宝石、玛瑙和碧玉（等），嵌有玛瑙和碧玉的容器（等），水晶，数学仪器，图纸和图画，还有其他所有归入这座收藏室/博物馆的藏品。它们都有尤其详尽的记述、题跋和编号，也有短篇的小传或说明、我制作的带有相应参考的特定编目：38册对开本和8册四开本。除此之外还有一些并未加上"藏品"戳记的框饰画，理事及其继任者负责持有和保管这些藏品，直到永远。我的意愿仅仅在于，我所说藏品（或博物馆）的每一件和每一部分都应授予前述绅士阁下和其他人来信托，既要秉承各项用途和旨趣，也要依循自今而后特为规定的那些限制和指示……前述藏品也当一直完好无损地保管下去，至臻至善……让同一批藏品在学识渊博、富有经验、明智果决之人的保管照料之下……我诚挚愿望（这里列出了34名公职人员，从国王以至英国贵族，附录4列出了名单）他们可以屈尊驾临，成为我前述博物馆或藏品的访客……一视同仁地细审、监管和检核藏品并管理之，一有机会就要适时访查、纠正并改进……我的愿望是……前述理事们……谦卑地请求国王陛下或是英国议会……俾得他们全款支付详明的2万英镑……给我的遗嘱执行人……考量到前述的藏品（或博物馆）：正如我之理解认定，这只是它们真实内在价值的四分之一而已……最后，（我在切尔西的宅邸）也将绝对授予前述的理事，以为保管存续我的前述藏品（或博物馆）之用，他们可以便宜行事，以最合乎公众利益的方式管理宅邸和藏品，一如我之夙愿。

前述理事……应当如此……在他们认为适当的情况下不时集会，创设、拟定、订立（之后则要得到访客的批准和认可）……这些章程、规则和法令，指派、任命这些官员和文职人员，永远照料、管理、保管、延续我所说的藏品、博物馆和基址。他们各自也当领有适宜必要的薪水、酬金和津贴。

　　我要在这里宣布……我所说的这座博物馆或收藏室……或将不时欢迎一切具有相同参观和浏览之渴望的人到访参观……这渴望可以是"尽可能有用",或是努力满足好奇求知之欲,或是增进所有人的学识和新知。

附录 4

　　1751年在汉斯·斯隆遗嘱附件中被指定为博物馆理事与访客的个人和公职人员。

理事

　　尊敬的查尔斯·斯隆·卡多根；汉斯·斯坦利；威廉·斯隆；牧师斯隆·埃尔斯米尔，神学博士，切尔西教区牧师；马丁·福尔克斯，皇家学会会长；保罗·梅休因爵士；詹姆斯·威斯特，皇家学会司库；塞缪尔·克拉克；尊敬的理查德·阿伦戴尔；约瑟夫·安德鲁斯；约瑟夫·埃姆斯；亨利·贝克；詹姆斯·布拉德利牧师，神学博士，皇家天文学家；托马斯·本内特爵士；皮特·柯林松；约翰·伊夫林爵士；苏赛克斯郡的约翰·福勒；斯蒂文斯·海尔斯牧师，神学博士；西奥多·雅各布松；斯玛特·勒西耶乌利尔；詹姆斯·洛瑟爵士；乔治·李特尔顿；查尔斯·李特尔顿牧师，神学博士，埃克塞特主牧；亨利·米尔斯牧师，神学博士；大卫·帕皮龙；乔治·萨维尔爵士；休·史密斯松；托马斯·肖牧师，神学博士；查尔斯·斯坦霍普；威廉·斯图科里牧师；詹姆斯·西奥巴尔德；皮特·汤普森爵士；尊敬的小霍雷肖·沃波尔；尊敬的菲利普·约克；威廉·科德灵顿爵士；亨利·高夫；查尔斯·格雷；詹姆斯·奥格勒索尔佩将军；约翰·兰比；乔治·贝尔；尊敬的乔治·（拉文顿）牧师，埃克塞特主教；尊敬的扎查里·（皮尔斯）牧师，班戈尔主教；尊敬的爱德华·索斯维尔；威廉·希斯科特爵士；约翰·希斯科特爵士；约翰·米尔纳；詹姆斯·爱普森；威廉·沃特森。

公职人员访客

英国国王；威尔士亲王；坎伯兰公爵威廉；坎特伯雷大主教；英格兰大法官；枢密院议长；掌玺大臣；宫内大臣；宫务大臣；里奇蒙德公爵查尔斯；蒙太古公爵约翰；纽卡斯尔公爵霍勒斯；贝德福德公爵约翰；两名国务大臣；尊敬的三维治伯爵约翰；海军上将勋爵，或称海军大臣；财务大臣；财政大臣；国王法庭首席法官；皇家民事法庭大法官；财政部首席听讼法官；伦敦大主教；温彻斯特大主教；阿盖尔公爵；彭布罗克伯爵亨利；切斯特菲尔德伯爵菲利普；伯灵顿伯爵理查德；蒙特福德勋爵亨利；议会下院议长；查尔斯·卡文迪许勋爵；卡多根勋爵查尔斯；维尔尼伯爵约翰；安森勋爵乔治。

附录 5

大英博物馆理事致财政部信件，1832 年

理事们在信中明言，他们需要更多的资金完成北楼、东楼和西楼的兴建，而且是立即需要。源自理事会的会议记录，1832 年 1 月 14 日。

理事们深感，继续完成博物馆新建筑的修建工作，这将是一件既能深深影响文人学士的利益和便利，也可保障典册瑰宝安全（这正是理事的分内之责）的幸事。因此各理事认为这是他们的职责所系：再次吁请大臣阁下注意，有些更为重要的状况让理事们认为，应当优先实现北楼的揭幕，再徐图完善那些已经揭幕的翼楼。东楼就其质料而言现在的确已是完全竣工，只剩下最北边楼梯的栏杆需要补上。因此，现在的问题就是何者更为优先：是最终完成西楼竣工，还是先让新的北楼揭幕？为了思考这一问题，大臣阁下有必要清楚地理解这些新建筑楼的当前状况，还有各个旧楼新楼之特定部分应用设计的旨趣所在。

西楼或将被认为是分隔成三大部分：

1. 由两条长廊组成的完整群落，与翼楼主体相连。

2. 一部分穹顶建起的建筑。

3. 一部分尚未揭幕，并非当下急需，但已被认为是新楼群一分子的建筑。理事们目睹其早期兴建，但尚未安排其职能。

在第一部分里，为埃尔金和菲加勒伊安石雕而设的容器建成。理事们遂让这些大理石从存放数年的临时棚子里挪了出来。素来暴露于恶劣天气之外所造成的焦虑，现在已经得到大大减轻；人们对于保存这批珍贵的古代艺术遗存的一切焦虑，现在也已烟消云散。

而在新西楼第二部分（也就是北边部分）的问题上，一尊穿顶已经建立起来。理事们认为，应当尽可能地稍微拖延一点工期，因为他们希望，唯有先满足新的北楼的当务之急，才能转过头来完成西楼的建设。这部分建筑也正如他们所论，应当处于不受任何天气损伤的状态。

至于尚未揭幕的西楼第三部分也就是南边部分，这里在很大程度上被25年前拔地而起的那座主楼占据着，作用是存放大英博物馆的古董。要想让新的西楼南边部分顺利打下地基，占据这块基址的主楼就必须推倒。这座主楼结实防火，尽管没有足够空间用于妥当展览其藏品，但也足够安全保管它们了。楼宇里收藏了埃及大理石和埃及古董，汤利藏品和普通大理石馆藏，汉密尔顿的花瓶藏品，还有主要的青铜器和宝石。这座主楼如果先于新博物馆正立面完工的话，我们势必不可能找到适于这些重要馆藏的展览空间。

更严重的困难还在于那间存放硬币和奖章的展室，这间展室就在主楼之内。和奖章展室一样，若要给藏品安全提供充足空间条件的话，那么其展室就要以特殊形式建成。这么一来，如果现有的奖章室摧毁，而新的用于接收它们的陈列室又尚未完工的话，我们就不可能找到这部分博物馆藏品的保管之地。

基于这些理由，理事们的意见就很清楚了：西楼的南边部分必须推迟修建，直至博物馆的其他翼楼先能完工。

新的南楼才是当务之急。理事会于12月15日致阁下的信件中已经完全表明了这一点：急需新增空间为读者服务，急需更充足的空间摆放书籍、消除图书馆摆放在主楼里的安全风险。

读者人数激增带来的空间匮乏问题，想必阁下已经从一些事实中有所推知：现在的大英博物馆每年有5万多人到访研究，学生人数的增加尤其迅速。1830年3月的一周里，就有564名学生到访；而在1831年4月的一周里，这个数字是650；同年12月的一周里，则不少于839人。

理事会深信，阁下不可能靠着一封信件就熟悉大英博物馆扩建案的方方面面和细节。因此，理事会已经指示大英博物馆新楼群的建筑师斯莫克先生、首席馆员和博物馆秘书一同向您呈请。如果阁下认为合适的话，新楼群的各项计划书将会为阁下给出可能需要的所有解释。

纵观本信陈列的全部状况，我们深信阁下将批准大英博物馆新楼群北楼的立即揭幕，正如理事会在12月15日提请的那样。

倍感荣耀，呈信于此，（以理事身份）等等。

附录 6 时间表

1660
汉斯·斯隆出生于爱尔兰的基利莱。

1707
斯隆出版了《诸岛旅行记》。

1739
斯隆立下遗嘱。

1742
斯隆将他的藏品移到切尔西宅邸。

1748
威尔士亲王拜访斯隆及其藏品。

1749
斯隆签署了他的遗嘱附件。

1753
斯隆去世；王室颁布《大英博物馆法案》。

1754
蒙太古府被选为大英博物馆地址。

1756
戈文·奈特被任命为首席馆员，后续职员也得到任命。

1757
乔治二世捐赠了旧的皇家图书馆

1759
大英博物馆向公众开放

1761
埃德蒙·鲍勒特的《大英博物馆概览》出版。

1771
库克船长太平洋远航收集的民族志藏品入藏大英博物馆。

1772
博物馆购得威廉·汉密尔顿爵士的藏品。

1775
博物馆得到库克船长"太平洋人造奇珍"藏品。

1778
范·里姆斯戴克《不列颠尼亚博物馆》版画面世；南海展室开放。

1799
克拉切罗德捐赠；博物馆得到哈切特收藏的矿物；约瑟夫·普兰塔成为首

席馆员。

1802
罗塞塔石碑运抵博物馆。

1804
戴顿偷窃开始。

1805
购得汤利藏品。

1808
汤利展厅开放；大英博物馆《概览》
首次出版。

1810
入馆售票制度撤销。

1814
购得菲加勒伊安石雕。

1815
滑铁卢之役。

1816
英国政府购得帕特农石雕，存放于大
英博物馆。

1817
英国政府任命罗伯特·斯莫克为大英
博物馆建筑师。他设计的第一座建筑
就是帕特农石雕存放的展厅。阿孟和
蒂三世的头像从底比斯拆下。

1818
煤气灯引入蒙太古府的庭院。

1821
罗伯特·斯莫克提出了他扩建博物馆
的计划。

1823
乔治四世向博物馆捐出乔治三世藏书；
国王图书馆的兴建开始；竣工于1827年。

1824
接受佩恩骑士的捐赠。

1826
西楼的兴建开始。

1828
油画转运到国家美术馆。

1831
购得刘易斯棋子。

1832
"汤利维纳斯"被一个粗心大意的学
生毁坏。

1834

罗伯特·斯莫克设计的西楼完工。

1838

特别委员会有关大英博物馆的报告出版。

1838

新的北楼竣工。

1841

罗伯特·斯莫克的南立面建筑工作开始；汤利展厅被拆毁。

1842

蒙太古府的拆毁工作开始；《版权法》通过。

1845

蒙太古府拆毁完成；拉亚尔德的亚述发掘开始；波特兰花瓶被一名访客打碎，后来又得到修复。

1846

南立面完工。西德尼·斯莫克出任大英博物馆建筑师。

1847

托马斯·格伦维尔向博物馆捐赠他的20000册藏书。

1851

奥古斯都·沃拉斯通·弗兰克斯获任为古物部助理馆员。

1853

尼尼微和尼姆鲁德的发掘开始。

1854

圆顶阅览室的兴建开始。

1856

安东尼·潘尼兹成为首席馆员；查尔斯·罗奇·史密斯的英国考古藏品入藏。

1857

迈克尔·法拉第报告了帕特农石雕的保管问题；圆顶阅览室开放；"巴特西盾"入藏。

1865

第一家博物馆餐厅开业；亨利·克里斯蒂赠品入藏。

1873

南肯辛顿的自然志博物馆开始兴建。

1881

南肯辛顿的自然志博物馆开放。

1890

大英博物馆全部通了电灯。

1895

大英博物馆在布鲁姆斯伯里额外获得了 5.5 英亩的土地。

1897

A.W. 弗兰克斯去世；博物馆接受了他的遗赠。

1902

议会颁布法案，允许报纸和杂志移出布鲁姆斯伯里。

1904

爱德华七世楼开始兴建。

1914

爱德华七世楼开放。

1920

大英博物馆的研究实验室建成。

1922

乌尔城的发掘开始。

1926

坎贝尔·道奇森向大英博物馆捐出了他的 20 世纪素描版画藏品。

1933

《西奈抄本》从苏联政府购得。

1936

杜维恩展厅开始兴建。

1939

帕特农石雕的安装工作开始；杜维恩展厅的房顶被炮弹摧毁；萨顿胡船葬品被发现。预先将藏品入库的工作开始。

1941

博物馆受燃烧弹袭击。

1945

购入波特兰花瓶。之前近 200 年里，博物馆一直是租借该花瓶。

1956

大英博物馆在大罗素街的新址勘定。

1963

大英博物馆和自然志博物馆正式拆分。理事家族的世袭制取消。

1967

拟定中的大罗素街大英图书馆选址被放弃。

1970

人类学博物馆在伯灵顿公园开放。

1972

《图坦卡蒙宝藏特展》揭幕。

1973

大英图书馆在大英博物馆内组建。

1974

博物馆收取门票，但在四个月内即废止。

1982

新大英图书馆打下第一块奠基石，设计者是科林·圣·约翰·威尔逊。选址在圣潘克拉斯。

1987

特纳的画作捐赠给了塔特展厅。

1988

修复完成的波特兰花瓶拆开重组。

1994

福斯特和帕特内斯获任为伊丽莎白二世大中庭的建筑师。

1995

爱德华·沃顿－蒂加藏品，100 多万香烟卡捐给了大英博物馆。

1997

人类学博物馆关闭；圆顶阅览室由大英图书馆关闭。

1998

大英图书馆在圣潘克拉斯重新开放；大中庭的兴建开始。

1999

"沃伦杯"入藏。

2000

伊丽莎白二世大中庭开放。

2003

大英博物馆庆祝 250 岁生日。

2010

《100 件文物中的世界史》，系列电台节目开播。

2014

世界保护与展览中心揭幕。

2015

兰佩杜萨十字架入藏，以礼物形式。

致谢和许可

　　我要感谢如下诸君的建议、交谈和洞见：加埃塔诺·阿尔迪托、迈克尔·巴克、夏洛特·布里昂斯、弗朗西斯·卡利、马乔里·卡吉尔、吉尔·库克、凯特·尤斯塔切、弗朗西斯卡·西里尔、伊安·詹金斯、克莱尔·马约赫、林德赛·斯坦顿。我谨向如下机构致以无上谢意，感谢他们容许我引用他们的资料：大英博物馆理事会、亨利·摩尔基金会、牛津大学、博德利图书馆、大卫·洛奇、大卫·威尔逊爵士。我已尽了一切努力联系版权持有者，请求他们容许我在本书中再版他们的材料。如有任何粗心大意的失察之处，出版社将在本书的未来版本中加入适当的说明。

图片来源

除第2页（大英图书馆董事会提供）、第59页（Peter Barritt/Alamy Stock Photo提供）、第159页（艺术家本人/Pangolin London提供）以外，本书中的其他图片版权均归©大英博物馆董事会所有。

参考书目

Altick, Richard, *The Shows of London,*
Cambridge, Mass, 1978.

Carey, Frances, *Collecting the Twentieth
Century,* London, 1991.

Caygill, Marjorie, *The Story of the British
Museum,* London, 1981 and 2002.

—— *British Museum A–Z
Companion,* London, 1999.

—— The *British Museum Reading
Room,* London, 2000.

—— *The British Museum: 250
Years,* London, 2003.

Caygill, Marjorie and Date, Christopher,
Building the British Museum, London,
1999.

Cowtan, Robert, *Memories of the British
Museum, London,* 1872.

Crook, J. Mordaunt, *The British Museum:
A Case-Study in Architectural Politics,*
Harmondsworth, 1972.

Delbourgo, James, *Collecting the World:
The Life and Curiosity of Hans Sloane,*
London, 2017.

Edwards, Edward, *Lives of the Founders,
and Notes of some Chief Benefactors
and Organisers of the British Museum,*
London, 1870, reprinted 1969.

Ellis, Edward F., *The British Museum in
Fiction – A Check-List,* Buffalo, NY,
1981.

Griffiths, Antony (ed.), *Landmarks in
Print Collecting,* London, 1996.

Harris, P. R., *A History of the British
Museum Library 1753–1973,* London,
1998.

Jenkins, Ian, *Archaeologists and Aesthetes
in the Sculpture Galleries of the British
Museum 1800–1939,* London, 1992.

Miller, Edward, *That Noble Cabinet:
A History of the British Museum,*
London, 1973.

Moore, Henry, *Henry Moore at the
British Museum, London, 1981.*

Sloan, Kim and Burnett, Andrew (eds.),
*Enlightenment: Discovering the World in
the Eighteenth Century,* London, 2003.

Wilson, David M., *The British Museum: Purpose and Politics,* London, 1989.

———— *The British Museum – A History,* London, 2002.

注释

开场白

1 Virginia Woolf, Jacob's Room, 1922, ch. 9.

第一章　开端

1 16 April 1691. E. S. de Beer (ed.), *The Diary of John Evelyn,* Oxford, 1955, vol. 5, p. 48.

2 W. H. Quarrell and Margaret Mare (trans. and ed.), *The Travels of Zacharias Conrad von Uffenbach,* London, 1934, p. 188.

3 Quoted in J. Mordaunt Crook, *The British Museum: A Case-Study in Architectural Politics,* Harmondsworth, 1972, p. 47.

4 *London Magazine,* 1748, vol. 17, pp. 317–19.

5 Ibid.

6 BM Cuttings and Extracts, CE115/3, ex BL Harl. 6850, f. 343.

7 BM Original Letters and Papers, vol. 1, doc. no. 1.

8 'Draught of an Acquittance to be executed by H Sloane Execrs / Agreed on 17 December 1753'. BM Original Letters and Papers, vol. 1, doc. no. 3.

9 BM Cuttings and Extracts, CE115/3, f. 22.

10 3 April 1753. BM Cuttings and Extracts, CE115/3, f. 22.

11 Katharine Eustace, 'The Key is Locke: Hogarth, Rysbrack and the Foundling Hospital', *British Art Journal,* 7.2, pp. 34–49.

第二章　18 世纪的大英博物馆

1 BM Cuttings and Extracts, CE115/3, f. 30.

2 Surveyor's report, 3 July 1755. BM Original Letters and Papers, vol. 1. 'Green flock wallpaper': *Gentleman's Magazine,* June 1814. This might have been a later addition.

3 Quoted in Marjorie Caygill and Christopher Date, *Building the British Museum,* London, 1999, p. 13.

4 Gilbert White, *The Natural History of Selborne,* Letter 10, 4 August 1767.

5 Letter from Thomas Gray to Rev. James Brown, 8 Aug 1759, www.thomasgray.org/cgi-bin/display.cgi?text=tgal0344.

6 W. Hutton, *A Journey from Birmingham to London,* Birmingham, 1785.

7 Tobias Smollett, Humphry Clinker, 1771. Penguin Classics edition (ed. Jeremy Lewis), Harmondsworth, 2008, pp. 115–16.

第三章　19 世纪初博物馆的运营

1 Captain Cook's Journal, 1774.

2 10th edition, 1816, p. 3, listing Cases XI to XXVI (i.e. fifteen cases).

3 *Penny Magazine,* 4 January 1834, p. 4.

4 Second Canto, verse 15.

5 Antony Griffiths (ed.), *Landmarks in Print Collecting,* London, 1996, pp. 49–50, and Appendix E.

第四章　1821—1846 年间的重建

1 David Bindman and Gottfried Riemann (trans. and eds), *Karl Friedrich Schinkel 'The English Journey'. Journal of a Visit to France and Britain in 1826,* New Haven and London, 1993, pp. 74 and 76.

2 Caygill and Date, *Building the British Museum,* p. 21.

3 Michael Baker, *The Samuel Bakers–Tradesmen of Kent in the 18th and 19th centuries,* Bristol, 2009, pp. 17 ff.

4 J. Mordaunt Crook, *The British Museum: A Case-Study in Architectural Politics,* p. 210.

5 直到 1866 年，合法所有权才让给国家美术馆。

6 Letter from Thomas Donaldson to Robert Finch, 19 Aug 1825. Finch Papers, d. 5 ff. 160–1. Bodleian Library, University of Oxford.

7 www.british-history.ac.uk/commonsjrnl/vol85/pp376-386.

8 *The Times,* 13 April 1838.

第五章　19 世纪中叶

1 Ozymandias, 1818.

2 W. Blanchard Jerrold, *How to see the British Museum in Four Visits, London,* 1852, p. 143.

3 Hansard, 1 April 1833, vol. 16, col. 1341–2.

4 Humphry Davy, *Consolations in Travel,* London, 1830, pp. 24–7.

5 W. M. Thackeray, 'Nil nisi bonum', *Roundabout Papers; Works of Thackeray,* London, 1869, vol. 17, p. 364.

6 David M. Wilson, *The British Museum–A History,* London, 2002, p. 84.

第六章　从维多利亚时代到 20 世纪

1 Michael Faraday to Henry H. Milman, 30 April 1857. Parliamentary Papers, 1857, session 2, vol. 24, pp. 149ff. Frank A. J. L. James, *The Correspondence of Michael Faraday,* London, 2008, vol. 5, no. 3278.

2 See Ian Jenkins, 'Cleaning and Controversy – The Parthenon Sculptures 1811–1939', *British Museum Occasional Papers,* no. 146, London, 2001, www.britishmuseum. org/pdf/4.4.1.2%20The%20 Parthenon%20Sculptures.pdf.

3 Marjorie Caygill, *The Story of the British Museum, London,* 1981, p. 48.

4 Quoted David M. Wilson, *The British Museum–A History,* p. 188.

第七章　20 世纪

1 2017 年，这些分别是：非洲、大洋洲和美洲；古埃及和苏丹；亚洲；英国、欧洲和史前；硬币和奖章；古希腊和古罗马；中东；绘本素描；流动古物及宝藏；保养和科学研究。

2 David M. Wilson, *The British Museum–A History,* p. 265.

3 Hansard, 10 April 1956, vol. 551. cc166–76.

4 Hansard, 13 December 1967, vol. 287, cc1114–240.

5 托马斯·肯德里克致信斯图尔特·皮戈特，力劝他申请大英博物馆空

缺的董事职位。Quoted in Rupert
Bruce-Mitford, 'Sir Thomas Downing
Kendrick 1895–1979', in Michael
Lapidge (ed.), *Interpreters of Early
Mediaeval Britain,* London, 2002, p.
423.

6 Sir Frederic Kenyon, memo to the
Royal Commission on the National
Museums and Galleries, 1929,
quoted in David M. Wilson, *The
British Museum: Purpose and Politics,*
London, 1989, p. 99.

7 James Hamilton, 'The Anti-Marketeer',
Spectator, 9 Feb 1991.

8 大英博物馆自 1838 年起举办的展览
一览，请见 www.britishmuseum.org/
pdf/RP_Exhibitions_Chronology.pdf。

9 Dora Thornton, *A Rothschild
Renaissance: Treasures from the
Waddesdon Bequest,* London, 2015.

第八章　进入 21 世纪

1 Typewriter: As1989,04.122; Car,
Af2000,06.2.a-b.

2 Frances Carey, 'Curatorial Collecting
in the Twentieth Century', essay in

Antony Griffiths (ed.), *Landmarks in
Print Collecting,* pp. 236–45.

3 1975.09.20.2.

4 这个观点要感谢弗兰西斯·卡莉。

5 Henry Moore to Jocelyn Horner, 26 Oct
1920. Henry Moore Institute, Leeds.

6 Henry Moore to William Rothenstein,
12 March 1925. Quoted Roger
Berthoud, The Life of Henry Moore,
London, 1987, p. 78.

7 Henry Moore, Henry Moore at the
British Museum, London, 1981, p. 11.

8 2015.8039.1.

9 Email from Jill Cook to the author,
December 2017.

10 Preface to Marjorie Caygill, *The
British Museum – 250 Years,* London,
2003, p. 3.

译名对照表

人名

A

阿尔伯马尔公爵　Albemarle, duke of

阿德里安·范奥斯塔德　Adriaen van
Ostade

阿蒂尔·兰波　Arthur Rimbaud

阿尔弗雷德·沃特豪斯　Alfred
Waterhouse

阿兰·库特曼　Allan Quartermain

阿罗斯·塞尼菲尔德　Alois Senefeldr

阿孟和蒂三世　Amenhotep III

阿奇巴尔德·阿切尔　Archibald Archer

阿瑟·爱德华兹　Arthur Edwards

阿什顿·韦伯　Aston Webb

埃德蒙·鲍勒特　Edmund Powlett

埃德蒙·霍华德　Edmund Howard

埃克尔斯勋爵　Lord Eccles

爱德华·F. 埃利斯　Edward F. Ellis

爱德华·布洛尔　Edward Blore

爱德华·哈利　Edward Harley

爱德华·霍金斯　Edward Hawkins

爱德华·吉本　Edward Gibbon

爱德华·克罗夫特-穆雷　Edward
Croft-Murray

爱德华·希思　Edward Heath

爱德华多·帕奥洛齐　Eduardo Paolozzi

安德鲁·范·里姆斯戴克　Andrew Van
Rymsdyk

安德鲁·吉福尔德　Andrew Gifford

安德鲁·普兰塔　Andrew Planta

安东尼·潘尼兹　Anthony Panizzi

安东尼奥·热内西奥·玛丽亚
Antonio Genesio Maria

安古斯·威尔逊　Angus Wilson

安南勋爵　Lord Annan

奥古斯都·沃拉斯通·弗兰克斯
Augustus Wollaston Franks

B

巴托洛梅·卡瓦切皮　Bartolomeo
Cavaceppi

保罗·加里科　Paul Gallico

贝内德托·皮斯特鲁奇　Benedetto
Pistrucci

本杰明·狄累斯利　Benjamin Disraeli

本杰明·罗伯特·海顿　Benjamin
Robert Haydon

亨利·埃利斯 Henry Ellis

亨利·克里斯蒂 Henry Christy

亨利·拉亚尔德 Henry Layard

亨利·莱特·哈葛德 Henry Rider
Haggard

亨利·摩尔 Henry Moore

亨利·萨尔特 Henry Salt

亨利·约西 Henry Josi

霍尔木兹德·拉萨姆 Hormuzd
Rassam

J

J. J. 博内特 J. J. Burnet

J. T. 史密斯 J. T. Smith

J. 莫当特·克鲁克 J. Mordaunt Crook

基甸·曼特尔 Gideon Mantell

吉奥瓦尼·贝尔佐尼 Giovanni Belzoni

吉尔·库克 Jill Cook

凯特·尤斯塔切 Kate Eustace

吉尔伯特·怀特 Gilbert White

吉姆·戴恩 Jim Dine

加埃塔诺·阿尔迪托 Gaetano Ardito

杰克·查普曼 Jake Chapman

K

卡尔·安德烈 Carl Andre

卡尔·弗里德里希·欣克尔 Karl
Friedrich Schinkel

凯瑟琳·塔尔伯特 Catherine Talbot

坎贝尔·道奇森 Campbell Dodgson

科林·圣·约翰·威尔逊 Colin St
John Wilson

科内利乌斯·约翰逊 Cornelius
Johnson

克拉克勋爵 Lord Clark

克莱尔·马约赫 Claire Mayoh

克劳德·洛林 Claude Lorrain

克雷顿·莫当特·克拉切罗德
Clayton Mordaunt Cracherode

克里斯托弗·雷恩 Christopher Wren

克里斯托弗·内文森 Christopher
Nevinson

L

拉尔夫·伯纳尔 Ralph Bernal

莱娜·耶格尔 Lena Jeger

劳合·乔治 Lloyd George

理查德·汉密尔顿 Richard Hamilton

理查德·雷纳格尔 Richard Reinagle

理查德·佩恩·奈特 Richard Payne
Knight

理查德·维斯特马克特 Richard

Westmacott

林德赛·斯坦顿 Lindsay Stainton

伦纳德·伍利 Leonard Woolley

罗伯特·安德森 Robert Anderson

罗伯特·布鲁斯·科顿 Robert Bruce
Cotton

罗伯特·戴顿 Robert Dighton

罗伯特·哈利 Robert Harley

罗伯特·斯莫克 Robert Smirke

罗莎莉·格林 Rosalie Green

罗伊斯顿勋爵 Lord Royston

M

马乔里·卡吉尔 Marjorie Caygill

马斯·克兰 Thomas Coram

马修·帕里斯 Matthew Paris

马修·马蒂 Matthew Maty

玛格丽特·卡文迪许·本廷克
Margaret Cavendish Bentinck

迈克尔·巴克 Michael Baker

米切尔·莱斯布拉克 Michael Rysbrack

N

尼尔·麦克格雷格 Neil MacGregor

诺曼·福斯特 Norman Foster

P

P. J. 格罗斯利 P.J. Grosely

皮尔斯·伊根 Pierce Egan

Q

乔治·博蒙特 George Beaumont

乔治·吉辛 George Gissing

乔治·朗 George Long

乔治·桑德斯 George Saunders

乔治·史密斯 George Smith

乔治·温哥华 George Vancouver

乔治·约哈恩·沙夫 George Johann
Scharf

R

让·勒朗·达朗贝尔 Jean Le Rond d'
Alembert

阮秋 Nguyen Thu

S

萨顿·尼科尔斯 Sutton Nicholls

萨姆·斯蒂尔 Sam Steel

塞缪尔·巴克三世 Samuel Baker III

塞缪尔·伯奇 Samuel Birch

塞缪尔·罗杰斯 Samuel Rogers

塞缪尔·希罗尼穆斯·格里姆 Samuel

Hieronymus Grimm

塞萨尔·曼日·德豪克 César Mange de Hauke

桑德罗·波提切利 Sandro Botticelli

斯坦霍普·哈维 Stanhope Harvey

T

泰勒·库姆 Taylor Combe

唐纳德·里昂 Donald Lyon

托比亚斯·斯莫莱特 Tobias Smollett

托马斯·L. 唐纳尔森 Thomas L. Donaldson

托马斯·布鲁斯 Thomas Bruce

托马斯·格雷 Thomas Gray

托马斯·格伦维尔 Thomas Grenville

托马斯·坎贝尔 Thomas Campbell

托马斯·肯德里克 Thomas Kendrick

托马斯·劳伦斯 Thomas Lawrence

托马斯·普拉滕特 Thomas Prattent

托马斯·桑德兰 Thomas Sunderland

W

W. E. 格莱斯顿 W.E. Gladstone

W. 艾伦·斯特奇 W. Allen Sturge

威廉·贝洛 William Beloe

威廉·布洛克东 William Brockedon

威廉·汉密尔顿 William Hamilton

威廉·赫顿 William Hutton

威廉·怀特 William White

威廉·柯贝特 William Cobbett

威廉·莱克·普莱斯 William Lake Price

威廉·塔克 William Tucker

威廉·沃拉斯通 William Wollaston

文森特·斯塔基·利恩 Vincent Stuckey Lean

X

西奥多·杰里柯 Théodore Géricault

西德尼·科尔文 Sidney Colvin

西德尼·斯莫克 Sydney Smirke

夏洛特·布里昂斯 Charlotte Bullions

Y

雅各布·爱泼斯坦 Jacob Epstein

雅科博·阿米戈尼 Jacopo Amigoni

亚历山大·斯科特 Alexander Scott

伊安·詹金斯 Ian Jenkins

约翰·爱德华·格雷 John Edward Gray

约翰·贝杰曼 John Betjeman

约翰·范·里姆斯戴克 John Van Rymsdyk

地名、机构名

Royal College of Surgeons Hunterian Museum

皇家学会博物馆 Museum of the Royal Society

皇家艺术学院 Royal College of Art

科学史博物馆 Museum of the History of Science

牛津艺术学会 Oxford Art Society

世界保护与展览中心 World Conservation and Exhibitions Centre

威尔士国家图书馆 National Library of Wales

维多利亚与阿尔伯特博物馆 V&A (Victoria and Albert) Museum

英国艺术奖章学会 British Art Medal Trust

自然历史博物馆 Natural History Museum

专有名词

阿尔伯特城 Albertopolis

埃及和亚述古物部 Egyptian and Assyrian Antiquities Department

爱德华兹藏品 Edwards collection

巴赛（菲加勒伊安）石雕 Bassae (Phigaleian) marbles

巴特西盾 Battersea shield

白翼 White Wing

北图书馆 North Library

波特兰花瓶 Portland Vase

伯蒂奇的非洲收藏品 Bowditch African collection

大中庭 Great Court

戴顿藏品 Dighton collection

帝国工业博览会 Great Exhibition

东方古物和民族志部 Oriental Antiquities and Ethnography Department

杜维恩展厅 Duveen Gallery

菲加勒伊安（巴赛）石雕 Phigaleian (Bassae) marbles

古文物部 Antiquities Department

国家博物馆和画廊皇家委员会 Royal Commission on National Museums and Galleries

哈利藏品 Harley collection

卡斯特拉尼藏品 Castellani collection

科顿藏品 Cotton collection

克拉切罗德藏品 Cracherode collection

克里斯蒂藏品 Christy Collection

洛泰尔水晶 Lothair Crystal

米尔登霍尔珍宝 Mildenhall treasure

"奋进"号三桅帆船 Endeavour HM

Bark

帕特农石雕　Parthenon Marbles

手稿、硬币奖章部　Manuscripts, Coins
and Medals Department

汤利藏品　Townley Gallery

沃德斯登遗赠　Waddesdon Bequest

文物保养和科学研究部　Conservation
and Scientific Research Department

沃伦杯　Warren Cup

西方手稿部　Western Manuscripts
Department

印本部　Department of Printed Books

英国和中世纪古文物部　British and
Medieval Antiquities Department

有用知识传播协会　Society for the
Diffusion of Useful Knowledge

圆顶阅览室　Round Reading Room

中世纪与后期古文物部　Medieval and
Later Antiquities Department

自然和人造艺术品部　Natural and
Artificial Productions Department

里程碑文库

The Landmark Library

　　"里程碑文库"是由英国知名独立出版社宙斯之首（Head of Zeus）于2014年发起的大型出版项目，邀请全球人文社科领域的顶尖学者创作，撷取人类文明长河中的一项项不朽成就，以"大家小书"的形式，深挖其背后的社会、人文、历史背景，并串联起影响、造就其里程碑地位的人物与事件。

　　2018年，中国新生代出版品牌"未读"（UnRead）成为该项目的"东方合伙人"。除独家全系引进外，"未读"还与亚洲知名出版机构、中国国内原创作者合作，策划出版了一系列东方文明主题的图书加入文库，并同时向海外推广，使"里程碑文库"更具全球视野，成为一个真正意义上的开放互动性出版项目。

　　在打造这套文库的过程中，我们刻意打破了时空的限制，把古今中外不同领域、不同方向、不同主题的图书放到了一起。在兼顾知识性与趣味性的同时，也为喜欢此类图书的读者提供了一份"按图索骥"的指南。

　　作为读者，你可以把每一本书看作一个人类文明之旅的坐标点，每一个目的地，都有一位博学多才的讲述者在等你一起畅谈。

　　如果你愿意，也可以将它们视为被打乱的拼图。随着每一辑新书的推出，你将获得越来越多的拼图块，最终根据自身的阅读喜好，拼合出一幅完全属于自己的知识版图。

　　我们也很希望获得来自你的兴趣主题的建议，说不定它们正在或将在我们的出版计划之中。

里程碑文库编委会